AF366317

ESSAI

SUR LA MANIÈRE

D'ÉCRIRE ET D'ÉTUDIER

L'HISTOIRE.

Par J. J. G. LEVESQUE, élève à l'École Normale.

A PARIS;

Chez L. REYNIER, Imprimeur-Libraire. Rue du Théâtre de l'Égalité, N°. 4.

(*An troisième de la République*)

AUX ÉLÈVES

DE

L'ÉCOLE NORMALE.

———

CITOYENS ,

Appelés de nos départemens par la Convention nationale pour répandre l'instruction, j'ai cru répondre à ses intentions en prenant la plume. Ne croyez pas que cet ouvrage soit le fruit de mes méditations ; c'est le résultat des leçons que m'a données, pendant dix ans, Grou, traducteur de la République de Platon et de plusieurs autres ouvrages. Et toi, mon cher maître, ne me sache point mauvais gré de mon indiscrétion. Si le public et mes collègues m'accueillent favorablement, toute la gloire doit en réjaillir sur toi ; si , au contraire , ils me rejettent, tout le blâme tombe sur moi , j'aurai mal rendu tes idées et peu profité:

LEVESQUE.

PREMIER ENTRETIEN.

INTERLOCUTEURS.

A R I S T O N.
P H I L I S T E.
C L E A N T E.
E R A S T E.
E U D O X E.

E R A S T E.

Vous aviez l'air rêveur, contre votre coutume, Ariston, lorsque nous sommes entrés dans votre cabinet. Vous me paroissiez plongé dans une profonde méditation. Pourrois-je savoir quel en étoit le sujet ?

A R I S T O N.

J'achevois de lire le traité de Lucien sur la manière d'écrire l'histoire. J'avois l'esprit tout rempli de cette lecture, lorsque vous êtes survenus, et je faisois réflexion à deux choses qui m'ont extrêmement frappé. La première que j'ai peine à concevoir, est qu'un écrivain aussi badin et, en apparence, aussi superficiel que Lucien, ait pu écrire sur l'histoire d'une manière si sensée: la critique qu'il fait des historiens de son tems est aussi judicieuse qu'elle est délicate ; les régles qu'il donne ensuite pour ce genre d'écrire, sont d'un goût exquis, et telles que Thucydide et Tite-live auroient pu les donner. La seconde chose qui me paroît encore plus difficile à comprendre, c'est l'idée que les écrivains de ce tems-là s'étoient formée de l'histoire. A en juger sur le rapport de Lucien, on peut dire qu'ils ne connoissoient nullement ce que c'est. La plupart croyoient que pour l'écrire, il n'étoit pas plus besoin de préceptes, que pour manger, pour marcher, ou pour voir. Ils en auroient jugé bien autrement, s'ils avoient eu la moindre étincelle du génie qui fait l'historien. Car il n'y a que le génie qui puisse sentir toute la difficulté, comme lui seul peut la surmonter. Pour moi j'ai toujours cru, après tous les maîtres de l'art qu'une histoire excellente étoit une chose très-difficile à faire.

P H I L I S T E.

Vous pouvez ajouter et très-rare à trouver. Il est sans doute des histoires mieux faites les unes que les autres ; mais il n'en est pas d'accomplies, et qui soient sans défauts , soit du côté de la matière , soit du côté de la forme.

CLEANTHE.

Il est vrai qu'à ne considérer , dans les historiens, que le style, je n'en vois aucun, en qui il n'y ait quelque chose à reprendre. Le plus parfait d'entre eux n'est pas celui qui ne fait point de faute , c'est celui qui en fait moins.

ERASTE.

Je me sais bon gré de ma curiosité , quoique d'ailleurs un peu indiscrète , puisqu'elle a fait tomber la conversation sur une matière si intéressante , dont je souhaite depuis long-tems d'être instruit à fond.

EUDOXE.

Si ces citoyens veulent avoir pour nous la complaisance que mérite notre âge , et notre ardeur à nous cultiver l'esprit par toutes les sciences qui conviennent à un honnête homme, je ne crois pas que personne soit plus en état qu'eux de nous instruire , de tout ce qui concerne l'histoire. Qui peut raisonner mieux qu'Ariston sur la nature, sur le but qu'elle se propose, et sur les qualités essentielles de l'his.orien : nul homme n'est plus versé que Philiste dans la critique, et dans cette partie de l'histoire qui regarde les faits. Pour Cléante, nous savons tous quel est son goût en matière de style, et que c'est sur-tout par cet endroit qu'il a étudié les historiens anciens et modernes.

ARISTON.

J'admire avec quelle confiance vous disposez ainsi de nous, Eudoxe, jusqu'à nous prescrire la matière sur laquelle chacun de nous doit parler.

EUDOXE.

N'ai-je pas raison d'en user ainsi ? La science, quand elle est entre des mains telles que les votres, n'est-elle pas un dépôt qui vous est confié, moins pour votre usage, que pour le besoin des ignorans, et dont ils ont droit de disposer pour leur instruction ?

ERASTE.

Pour moi je suis plus modeste qu'Eudoxe et sans m'arroger le droit de vous marquer un sujet, je me borne à vous prier de condescendre en ce point à nos désirs ; vous laissant, du reste, la liberté de choisir ce que vous croirez le plus propre à nous instruire.

ARISTON.

Vos manières, Eraste, quoique moins violentes, n'en sont pas pour cela moins pressantes ; je m'y rends volontiers, pourvû que Philiste et Cléanthe s'engagent de leur côté à me seconder, d'autant plus qu'il y a sur ce sujet mille choses qu'ils développeront infiniment mieux que moi.

PHILISTE.

Votre consentement a entraîné le nôtre, et puisque vous ne voulez pas tout dire, je crois qu'il faut nous en tenir au partage d'Eudoxe, qui me paroît juste et qui renferme ce qu'on peut dire de plus important sur la manière d'écrire l'histoire.

ARISTON.

A la bonne heure. Je vais donc m'acquitter en peu de mots de ma dette. Peu de ceux qui se mêlent d'écrire l'histoire, s'appliquent à s'en former une juste idée. Delà vient qu'il y a tant d'historiens et si peu d'histoires. Les uns écrivent pour s'amuser et pour amuser les autres, et sans songer à la distance prodigieuse qu'il y a entre l'histoire et le roman , ils remplissent leurs écrits d'un tissu d'avantures merveilleuses qu'on lit avec plaisir , parce que la plupart des hommes se repaissent plus volontiers de mensonges que de vérités. Les autres, vils flatteurs , et écrivains mercenaires , changent l'histoire en panégyrique, Il est d'autres écrivains plus coupables encore, et dont par malheur le nombre n'est que trop grand , qui font de l'histoire l'instrument de leur vengeance ou de celle d'autrui. La passion seule les inspire. Le fiel coule de leur plume ; ils présentent toutes choses du mauvais côté ; les réflexions malignes , les satyres amères , les calomnies les plus noires se rencontrent à chaque pas dans leurs écrits. Vous trouvez peu d'histoires qui ne soient sujettes à l'un de ces trois défauts , c'est-à-dire , qui ne tiennent du roman , du panégyrique ou de la satyre. Or , rien n'est plus opposé au caractère de l'histoire. Qu'est-ce en effet que l'histoire ? est-ce un récit ingénieux de contes faits à plaisir ? est-ce l'ouvrage de la flatterie ou de la médisance ? non , sans doute : c'est un monument consacré à l'instruction des siècles à venir : c'est un supplément à l'expérience que la briéveté de la vie ne nous permet pas d'acquérir. C'est par conséquent un moyen d'aggrandir nos connoissances , qui nous met sous les yeux les hommes et les actions de tous les tems ; et

comme il n'y a rien de nouveau sous le so-
leil, que ce sont toujours les mêmes passions et les mêmes projets , les mêmes mouvemens et les mêmes révolutions , les mêmes crimes et les mêmes vertus , la connoissance de ce qui est arrivé nous sert à pré-
voir ce qui arrivera , la conduite d'autrui
guide la nôtre. C'est encore, à la considérer
sous un autre jour , une suite de ce pen-
chant qui nous porte à vivre par nos actions
dans le souvenir de nos descendans , de ce
désir de l'immortalité gravé dans nos cœurs
par la main de la nature. C'est la
plus belle récompense de la vertu sur la
terre et le plus terrible châtiment du crime.
Dirai-je encore que c'est l'histoire qui en-
gage les hommes à se signaler par de grandes
entreprises , à affronter les dangers, à s'é-
puiser de veilles et de travaux , et souvent
à sacrifier leur vie pour en acquérir une
meilleure dans la mémoire des hommes ?
mais si la fin de l'histoire est telle que je
viens de le dire, il est aisé de voir ce qu'elle doit
être pour parvenir à ce but. Vous comprenez
assez qu'il faut qu'elle soit vraie, solide ,
morale , instructive : quelle doit être écrite
d'un style agréable pour attacher, avec
clarté et avec ordre pour faire entrer plus
aisément dans l'esprit la suite des faits
qu'elle raconte, d'une manière nette et pré-
cise pour donner au lecteur une idée juste
de chaque chose ; vous comprenez encore
que les qualités d'un bon historien , sont

une critique exacte pour discerner les faits ;
un grand sens pour en faire le choix, un
esprit exempt de tout préjugé pour les ap-
précier, un caractère droit et sincère pour
les raconter tels qu'ils sont ; qu'il faut de
plus qu'il soit libre et indépendant, sans
crainte comme sans espérance, qu'il ne se
laisse conduire ni par la haine, ni par l'a-
mour, ni par l'intérêt. Pour ce qui regarde
l'arrangement des faits, leur liaison, et la
manière de les rendre vraisemblables et
intéressans, le style de l'histoire et tout ce
qui contribue à lui donner une forme
régulière et parfaite, Philiste et Cléanthe
vous l'apprendront mieux que moi.

E U D O X E.

Avec quelle rapidité vous avez précipité
la fin de votre discours ? le commencement
ne nous promettoit pas qu'il dût finir sitôt,
et je m'attendois à vous voir développer,
avec plus d'étendue, le caractère de l'historien.

A R I S T O N.

J'ai dit l'essentiel. Ce que je pourrois y
ajouter, vous ennuyeroit et ne vous ins-
truiroit pas davantage.

E R A S T E.

Ariston ne jugez pas de nous par vous

même. Ce que vous avez dit vous paroît suffire et peut-être suffiroit-il pour d'autres que pour nous. Ne présumez donc pas si aisément de notre intelligence, et sur-tout ne craignez pas de nous causer de l'ennui. Notre empressément à vous entendre vous assure du contraire.

ARISTON.

Je vois bien que je ne sortirai pas de cet entretien aussi facilement que j'y suis entré. Eh bien ! écoutez un détail inutile et fatiguant qui vous fera repentir de m'y avoir engagé. Le personnage d'écrivain n'est pas le plus important que l'historien ait à soutenir. Car il est outre cela témoin, juge et maître : comme témoin il doit à la postérité, devant laquelle il dépose, un compte exact de tous les événemens qui embrasse son histoire. Ce n'est point assez pour lui de nommer les personnages qui paroissent sur la scène, il faut qu'il les fasse connoître par leurs bons et leurs mauvais endroits, qu'il nous instruise de leurs projets et du succès : qu'il dévoile entièrement leur ame avec ses passions et ses sentimens, ses vertus et ses vices. On a droit encore d'attendre de lui qu'il ne laissera rien ignorer du caractère des peuples dont il parle, de leurs usages, de leur gouvernement, des intérêts des divers états, des alliances, des guerres, des traités de paix, en un mot de toutes les révolutions qui sont arrivées dans les empires. Il ne sauroit donc être trop bien instruit, et il ne doit rien négliger pour se mettre au fait de la matière qu'il traite.

C'est sans doute beaucoup pour un témoin de savoir les choses; mais de quoi peut servir son témoignage, s'il ne les expose telles qu'il les sait? la loi fondamentale de l'histoire, et néanmoins celle qui est la moins observée, c'est la sincérité. Où trouver un historien vrai, dont l'ame soit comme une glace pure et fidèle. A peine en trouve-t-on deux ou trois dans toute l'antiquité, ils sont encore plus rares chez les modernes. C'est-là sur-tout ce qui a décrié, auprès de tant de gens, la bonne foi de l'histoire, ce qui a fait regarder comme prudence le pyrrhonisme en cette matière, et ce qui dégoûte de la lecture de tant d'auteurs dont la partialité et l'imposture sont visibles et qui ne s'accordent ni sur les faits, ni sur les circonstances. Je sais que l'ignorance ou la méprise est quelquefois la cause de ces contradictions; mais la cause la plus générale c'est le défaut de sincérité : défaut qui a sa source dans une infinité de maladies de l'ame: j'en ai déjà touché deux la flatterie et la malignité. Que dirai-je de l'esprit d'intérêt? peut-on attendre la vérité d'un auteur gagé pour écrire, à qui l'on prescrit souvent ce qu'il doit publier et taire? comment le médecin d'Artaxercès, dit Lucien, en parlant de Ctésias, écrivoit-il fidèlement l'histoire de ce prince, tandis que pour récompense il en attend la robe de pourpre et les bras-selets? je veux qu'en qualité de témoin un historien ne sacrifie qu'à la vérité, qu'il n'ait d'égards que pour elle, qu'il la res-pecte en tout. Je veux qu'il suive cette règle que Cicéron lui prescrit de ne rien dire de faux, et d'oser dire tout ce qui est vrai.

ÉRASTE.

Mais ne voyez-vous pas qu'il est quel-que fois impossible aux historiens de dire les choses comme elles sont, et que la sincérité pourroit en certains cas leur coûter cher?

ARISTON.

Je le sais, et je ne vois pour eux qu'un parti à prendre. C'est de ne point écrire ou du moins d'attendre, pour publier leurs écrits, des momens plus favorables. Vous me direz peut-être que je suis trop sévère. Non. Je n'exige de l'historien que ce que son caractère exige de lui, ce que le pu-blic en attend, et ce que lui-même s'en-gage à lui donner ; c'est-à-dire, un récit vrai dans tous ses points, autant qu'il dé-pendra de lui. Après tout, pourquoi dégui-seroit-il les évènemens fâcheux et les fau-tes qui les ont causés ? craint-il qu'on ne l'en rende responsable ? la prudence lui dit

de ne point écrire s'il court quelque ris-
que à dire la vérité. Il peut craindre les
personnes en place, tandis qu'elles sont vivantes, mais dès quelles sont mortes elles
n'ont plus droit à leur réputation, et le public a droit à l'instruction qu'il peut tirer
de la connoissance de leur conduite. Ceci
doit s'entendre des actions publiques et
de celles qui ont eu des suites pour le
bonheur ou le malheur des états. Quant
aux actions qui se sont passées dans le
domestique ; je ne crois pas que l'histoire
doive en parler, lorsqu'elles sont mauvaises, n'intéressant pas les lecteurs et étant
plus propres à les scandaliser qu'à les instruire. Du reste il faut tout dire. Aucune
raison ne peut en dispenser. Car rien n'o-
blige d'écrire l'histoire ; mais si on se dé-
termine à le faire, tout oblige à dire la
vérité.

E U D O X E.

Si on avoit, de tout tems, suivi vos maxi-
mes, nous aurions aujourdhui fort peu
d'histoires.

A R I S T O N.

Nous en aurions plus de vraies. Le peu
que nous saurions des siècles passés, nous
le saurions avec certitude. Enfin quelques
inconvéniens qu'il y ait à être sincère,

il y en a encore plus à ne l'être pas. Il en a coûté la vie à quelques historiens pour avoir écrit sans rien déguiser. Crémutius Cordus dont il est parlé dans Tacite en est une preuve. Mais outre que dans le récit de la vérité, il peut entrer quelquefois beaucoup de fiel, ce que les loix civiles, non plus que celles de l'histoire ne peuvent approuver : outre qu'il y avoit de l'imprudence à Crémutius de hasarder un écrit plein de vérités, odieuses sous le règne d'un prince aussi vicieux, aussi soupçonneux et aussi cruel que l'étoit Tibère ; ce qu'on peut conclure de là, c'est qu'il est quelquefois dangereux de publier une histoire vraie, mais jamais on n'en conclura que rien autorise à altérer la vérité et à en imposer à la crédulité publique par un récit menteur. Partout ce que j'ai dit de la sincérité, jugez si j'ai eu raison d'avancer que c'est une qualité dans un historien.

EUDOXE.

Dès le premier pas vous rendrez la composition de l'histoire presque impraticable. Car si pour l'interêt de l'histoire il faut dire la vérité, il faut pour l'interêt de l'historien qu'il puisse la dire avec sûreté. Autrement il la supprimera ou la déguisera. Mais quelle matière choisira-t il ? Ecrira-t-il sur les affaires du tems et du pays où il

est ? l'embarras ne sera plus de dire la vérité, mais de la savoir ; et quelque chose
qu'il fasse il lui sera difficile de s'en assurer.

A R I S T O N.

J'en conviens. Aussi de toutes les vérités, il n'en n'est pas dont la découverte
coûte d'avantage à l'homme que celle des
faits dont il n'a pas été témoin oculaire.
Encore a-t-il quelque raison de ne pas s'en
fier à ses propres yeux. Au reste, je ne dis
pas ceci pour détourner personne du dessein d'écrire l'histoire ; mais pour montrer
comment on doit l'écrire, ou plutôt pour
expliquer ma pensée à ce sujet. Passons
au second caractère de l'historien : il n'est
pas seulement témoin, il est encore juge
à l'égard de ce qu'il raconte ; c'est-à-dire,
qu'il doit prononcer sur les faits, approuver ou condamner ce qui lui paroît mériter
d'être approuvé ou condamné.

E R A S T E.

Quoi voulez-vous qu'il accompagne tous
ses récits de réflexions morales ou politiques, et qu'il dogmatise sur la nature et
la qualité des actions ?

A R I S T O N.

Point du tout. S'il le faisoit, il sortiroit du caractère de l'histoire qui instruit par des exemples et non par des préceptes. Je veux dire seulement que la qualité d'homme probe, essentielle à tout historien, demande de lui que, lorsqu'il aura quelqu'action vertueuse à raconter, il le fasse avec un air de satisfaction et de complaisance, qui témoigne au lecteur qu'il s'arrête volontiers à la décrire, et qu'il souhaiteroit n'avoir jamais que de pareilles actions à lui mettre sous les yeux : qu'au contraire, lorsque son sujet le conduit au récit de quelqu'action criminelle, il donne à connoître que c'est malgré lui qu'il la raconte ; qu'il la peigne avec des traits qui marquent son indignation et qui inspirent à ceux qui la lisent de l'horreur pour de semblables crimes. Ce précepte ne se trouve point parmi ceux que l'on donne d'ordinaire sur la matière que nous traitons, mais la probité en rend l'observation indispensable à tout écrivain, et sur-tout à l'historien ; il perd toute créance dans les esprits, si par la manière dont il raconte les faits, il donne lieu de croire qu'il est sans mœurs. Un historien assez peu jaloux de la réputation d'homme probe, pour donner en spectacle la corruption de son esprit et de son cœur, dégrade l'histoire et se dégrade lui-même. Quoiqu'il en soit, l'historien en qualité de juge doit éviter ces deux extrémités opposées, en se gardant de louer ou même d'excuser le vice et les personnes vicieuses ; il prendra garde aussi d'user en les condamnant de ces figures violentes et passionnées qui conviennent plus à un orateur qui exagère, qu'à un juge qui prononce.

ERASTE.

Je ne sais si je me trompe, mais je m'imagine que plusieurs de nos écrivains prennent une route toute contraire au but qu'ils se proposent. Ce qu'ils disent des personnes contre qui ils s'acharnent, n'aboutit qu'à les décrier eux-mêmes. En perdant la réputation d'écrivains modérés, ils perdent celle d'écrivains sincères. Aussi, quand on veut savoir la vérité sur certaines matières, ce n'est pas dans leurs écrits qu'on va la chercher.

ARISTON.

Vous avez raison ; et l'on peut dire en général, que dans tout historien le défaut de modération est toujours accompagné du défaut de sincérité. Ces deux qualités se tiennent par la main. Mais la première et la principale fonction de l'histoire, est d'enseigner. L'historien est le précepteur du genre humain. Les leçons qu'il donne, c'est aux hommes qu'il les adresse. C'est à lui qu'il appartient spécialement de les instruire de leurs devoirs, de les reprendre de leurs défauts, et de leur inspirer l'amour des vertus propres aux emplois qu'ils occupent. Il est revêtu pour cet emploi, d'une autorité qu'on ne peut lui contester. Et de quelle voie se sert-il pour les instruire ? de la voie la plus douce, la plus insinuante et la plus efficace ; je veux dire de celle des exemples. L'homme né fier et libre, a de l'aversion pour les préceptes, et il n'en a pas pour les exemples. C'est donc à l'historien à tracer un portrait fidèle des bons et des mauvais citoyens ; de dire ce qu'ils étoient et dans le cabinet et à la tête des armées, comment ils se comportoient, à l'égard de leurs concitoyens et des étrangers, par quels endroits ils ont su se faire aimer des uns, et craindre des autres ; ou quels défauts au contraire leur ont attiré la haine de ceux-ci, et le mépris de ceux là. Qu'en parlant des politiques il distingue en eux la finesse de la prudence, qu'il blâme la fourberie ; mais aussi qu'il ne confonde pas la droiture avec une franchise indiscrète qui s'ouvre de ses desseins à ceux auxquels il importe le plus de les cacher ; ni la dissimulation qui feint des vues qu'elle n'a pas, avec un secret profond qui ne laisse rien entrevoir de ce qu'il médite. Que dans l'usage de l'autorité il condamne également, et la sévérité qui ne pardonne rien, et la molle indulgence qui laisse tout impuni ; et dans le maniement des affaires la précipitation qui entreprend sans avoir délibéré , et l'irrésolution qui délibère toujours et n'agit jamais , et la présomption qui n'écoute pas de conseil , l'ignorance qui ne sait pas en user , et la sécurité qui ne se défie de rien , et le soupçon ombrageux qui s'allarme de tout. L'historien doit donc être bon politique et grand philosophe. Deux choses distinguent l'historien philosophe de celui qui ne l'est pas. Le choix des faits et la manière de les présenter. Dans le choix des faits, le philosophe écarte avec soin ce qui n'est ni moral ni instructif. Il sait que les actions , celles mêmes des grands hommes ne méritent pas toutes d'être racontées, que souvent , dans une vie très-longue , il y a à peine cinq à six traits que l'historien puisse mettre en œuvre. Au lieu que l'autre accumule faits sur faits sans discernement. Au contraire, un trait que celui-ci néglige comme une minutie , le philosophe le regarde avec d'autres yeux , il le recueille soigneusement pour le transmettre à la postérité. Mais c'est principalement dans la manière d'exposer les faits , que son génie se fait remarquer. Il les présente toujours du vrai côté; jamais il ne prend le change. Comme il a une connaissance exacte et profonde du cœur de l'homme , il pénètre dans ses plus secrètes intentions, éclaire ses démarches , et soit qu'il le fasse agir ou parler, par tout il le peint tel qu'il est. C'est par cet endroit que Salluste et Tacite sont inimitables. Connoissons-nous mieux ceux avec qui nous vivons le plus familièrement, que ces deux historiens ne nous font connoître Catilina et Tibère par les portraits qu'ils nous en ont laissé ?

E u d o x e.

Il faut avouer que ce sont deux grands peintres , quoique leurs manières soient un peu différentes , et que leurs histoires attachent infiniment l'esprit qui croit voir les hommes dont elles parlent et converser avec eux.

A r i s t o n.

Le plaisir qu'on trouve à lire ces deux auteurs vient de ce qu'ils avoient le vrai génie de l'histoire ; c'est-à-dire , le génie philosophique, de ce qu'ils avoient étudié, la constitution du gouvernement de Rome , et le caractère de ceux qui jouent les principaux rôles dans les évènemens qu'ils racontent. Voulez-vous à présent que je rassemble les traits qui caractérisent l'historien , et que je finisse par dire un mot sur la nature du sujet qu'il doit traiter ?

E u d o x e.

J'y consens , ces traits, ainsi rapprochés, se graveront mieux dans mon esprit.

A R I S T O N.

Il faut qu'il ait l'esprit grand , profond ,
juste , qu'il ait de l'ordre , de la netteté
et de la précision dans les idées , une imagination réglée , sage et vive sans saillies ;
et qu'il joigne à cela un grand fond de
morale , puisée en partie dans la méditation
et la lecture , en partie dans l'expérience
et dans l'usage des hommes. Je ne parle
pas de son érudition , elle doit être pro-
portionnée au sujet qu'il traite. Qu'il évite
seulement d'en faire parade et de la pro-
diguer à pure perte. Pour le cœur il faut
qu'il l'ait droit , noble , désintéressé , ver-
tueux , qu'il soit maître de ses passions
et d'une indifférence extrême pour tout
ce qui n'est pas la vérité. Qu'il soit in-
corruptible , inaccessible aux préjugés et
qu'au moment qu'il prend la plume , il se
regarde , dit Lucien , comme sans amis ,
sans maître , sans patrie , sans loix ; qu'il
ne craigne d'autres reproches que ceux
de la postérité. Si quelqu'un peut se re-
pondre d'avoir toutes ces qualités , et
qu'il est d'ailleurs acquis ce qui pourroit
lui manquer du côté du style par le commerce des bons auteurs , qu'il choisisse son
sujet et qu'il écrive avec une pleine assu-
rance du succès.

Il y a dans le choix d'un sujet historique
plusieurs règles à observer. La première

est que le sujet soit un , c'est-à-dire , que les évènemens que l'on raconte , se rapportent à un but principal. Herodote me paroit pécher en ce point. Son sujet embrasse tout ce qui s'est passé de mémorable chez les Grecs et les Barbares , c'est-à-dire , les Medes , les Perses et les Egyptiens. En second lieu , il ne faut pas que le sujet soit trop vaste et qu'il comprenne trop de matières. Un écrivain se met par-là dans la néessité d'omettre beaucoup de choses essentielles , de n'examiner et de n'approfondir presque rien ; la vérité de l'histoire en souffre. On n'a pas non plus le tems de retoucher son ouvrage et d'en polir le style. Aussi je vous avouerai que je ne saurois souffrir tous ces grands titres d'histoire générale et universelle , à moins qu'on ne traite son sujet comme l'a traité Bossuet , en considérant la chose en grand et en ramassant , sous un point de vue général , un nombre infinis de faits réunis et fondus pour ainsi dire , dans une ou deux pages de réflexions. En troisième lieu le sujet doit être instructif. Je l'ai déjà dit , tout ne mérite pas d'être écrit. A quoi servent tant d'histoires de villes, de provinces, de petits états ? histoires sèches , dénuées d'intérêt , qu'on ne lit point , et qui sont tout au plus, consultées au besoin par quelques savans. Qu'a-t-on affaire de connoître ce qui s'est passé dans un coin de la terre à peine connu de ses propres habitans.

Voilà ce que j'avois à dire sur l'histoire et sur l'historien. Si ce détail vous a paru trop long, prenez-vous en à vous mêmes, puisque vous m'y avez jetté malgré moi, et priez Philiste de vous dédommager de l'ennui que j'ai pu vous causer.

E R A S T E.

Il ne convient pas à l'âge où je suis de porter mon jugement sur ce que je viens d'entendre ; mais je crois pouvoir dire que votre discours, bien loin de m'ennuyer, ma causé un sensible plaisir.

E U D O X E.

J'en dis autant ; j'ai regret de vous voir finir sitôt ; et je ne m'en consolerois pas, si je n'attendois d'aussi belles choses de la part de Philiste.

A R I S T O N.

Vous pouvez être contens de ce que vous avez entendu ; mais moi je ne le suis pas de ce que j'ai dit. De quelque manière qu'on parle sur de si grands sujets, on reste toujours au-dessous de la matière. Mais je ne fais pas reflexion que c'est à Philiste de parler et à moi d'écouter.

PHILISTE.

Je vais le faire pour tenir la parole que j'ai donnée. Je suppose l'historien tel que vous l'avez dépeint. Son sujet est choisi et il a toutes les conditions que vous demandez. Il s'agit à présent de rassembler les matériaux, de les tailler et de les disposer pour l'édifice auquel Cléante mettra la dernière main. Pour cela l'historien a trois choses à faire. Il faut d'abord qu'il commence par le choix des faits qui conviennent à son sujet, qu'il s'assure ensuite de la vérité de ces faits revêtus de leurs motifs, et de leurs circonstances. Enfin, qu'il les arrange de la manière la plus propre à produire un bel effet. Le choix des faits duquel il est ici question n'est pas le même que celui dont Ariston a parlé. La saine philosophie présidoit a ce premier choix ; elle écartoit avec soin certains récits et certains détails, les uns inutiles au but de l'histoire, les autres plus capables de corrompre le cœur que de former l'esprit. C'est le goût qui préside au second choix et qui dirige l'historien. Qu'il se persuade que rien n'est plus noble, plus grave, plus majestueux que l'histoire, et par conséquent, qu'il ne doit y entrer aucun de ces traits bas et triviaux qui la déshonorent, aucune de ces aventures bouffones qui font rire l'ignorance et déplaisent aux gens instruits. S'il est vrai que c'est aux peuples entiers qu'il adresse la parole, c'est à lui de soutenir la dignité de ce caractère, et de ne rien écrire qu'un homme sensé ne puisse dire devant la plus auguste assemblée. Ce n'est pas tout. Le goût lui dicte encore que tel genre de faits sied dans un ouvrage, qui ne conviendroit pas dans un autre. Il y a des histoires qui demandent plus de détails, et d'autres qui en demandent moins. Je ferai entrer dans l'histoire d'un département, d'un district, une multitude de faits, dont je ne ferai nulle mention dans l'histoire d'une République. Si quelques-uns de nos écrivains avoient suivi cette règle, qui n'est après tout que le développement du precepte de l'unité historique, ils n'auroient point parlé si au long dans notre histoire des petites guerres que les ci-devant seigneurs particuliers se faisoient les uns aux autres, pour des intérêts personels auxquels le corps de la nation ne prenoit aucune part. Je sais que quand il se présente une avanture curieuse, agréable, intéressante, où l'écrivain peut faire briller son esprit et le talent qu'il a de raconter, c'est une tentation bien délicate pour lui ; mais aussi je sais qu'il ne doit jamais s'attendre au suffrage des lecteurs intelligens, s'il n'est pas entièrement maître de lui-même en ces occasions. Il en est peu au reste, qui n'aient fait cette faute pour ne s'être pas bien mis dans la tête que ce qu'on attend principalement d'un historien , ce n'est pas l'esprit , mais le bon sens , et cette sage retenue qui ne lui permet jamais de sortir de son sujet , ni de s'écarter du droit chemin pour s'amuser à cueillir des fleurs à droite et à gauche.

E R A S T E.

Vous êtes bien sévère , Philiste ; quoi! vous ne voulez pas que l'historien s'égaye quelquefois , ni qu'il délasse son lecteur par quelque aventure amusante? Hérodote, le père de l'histoire , l'a pourtant fait assez souvent : il ne s'est pas même interdit les récits fabuleux , lorsqu'il a cru qu'on les liroit avec plaisir et afin de ne pas passer pour trop crédule en les racontant , il a toujours grand soin d'ajouter : *On le dit , mais je n'en crois rien.*

P H I L I S T E.

Hérodote a eu ses raisons pour en user de la sorte. Il écrivoit pour amuser beaucoup plus que pour instruire. Aussi Thucyde, qui connoissoit mieux que lui la nature de l'histoire , le reprend-il dans sa préface d'avoir préféré la réputation de conteur agréable à celle d'écrivain judicieux. Ce n'est pas qu'il ne soit permis à un historien de sortir quelquefois de son sérieux -

pour faire quelque récit naïf et divertissant
mais j'y mets deux conditions : la première que le trait qu'il raconte entrera
naturellement dans son sujet, et qu'il con-
tiendra d'ailleurs quelque chose de moral et d'instructif. La seconde, que jamais il ne se donnera cette liberté dans une
grande histoire, parce que la majesté du
sujet ne souffre absolument rien de semblable, et que les meilleurs historiens de
l'antiquité ne se le sont jamais permis.
Qu'on me montre en effet dans Thucydide,
dans Tite-live, dans Salluste ou dans
César, une seule de ces aventures, ou galantes, ou purement amusantes, dont la plûpart de nos historiens modernes ne peuvent se passer. La lecture des anciens en
est-elle pour cela moins attachante, et
celle de nos conteurs d'épisodes, moins
fade et moins ennuyeuse ? Vous m'accusez
d'être rigide ; mais Lucien l'est bien plus
que moi. Écrivant contre ceux qui pour se
se justifier à cet égard disoient que l'histoire se propose deux fins, l'utile et l'agréable ; il décide nettement que cette division
est fausse et que l'utilité est la seule fin de
l'histoire : qu'à la vérité elle doit être
agréable, mais que le plaisir n'est qu'un
moyen pour faire mieux goûter l'instruction,
et qu'il doit naître du fond même de l'utile.
Il ne faut donc jamais sacrifier la fin au
moyen, ni l'utile à l'agréable ; d'ailleurs si on
ne peut réussir à plaire sans avoir recours à

à ces ornemens épisodiques, c'est ou que le sujet n'est point par lui-même assez intéressant, et alors il en faut choisir un autre ; ou qu'on ne sait pas faire valoir les agrémens qu'il renferme, et alors le plus court est de renoncer à écrire l'histoire.

ERASTE.

Je tombe d'accord de la vérité de ce que vous dites : mais il n'y a que des génies du dremier ordre, qui, en s'assujestissant à des règles si austères et si génantes, puissent s'assurer de ne point tomber dans une espèce de sécheresse et de stérilité qui fait languir l'attention.

PHILISTE.

Aussi n'est-ce qu'à des génies de cette trempe qu'il est donné de mêler dans leurs ouvrages l'agréable à l'utile, et d'emporter par-là tous les suffrages ; à peine les autres connoissent-ils les règles de ce mélange, et quand ils les connoîtroient, il leur est impossible de les observer. Ce que je dis ici ne regarde pas plus l'histoire que tout autre genre d'écrire. Lorsque l'historien dirigé par le goût, a fait un choix heureux des faits qui doivent entrer dans son ouvrage ; il faut ensuite qu'il en constate la vérité, par tous les moyens que la saine critique lui fournit ; et c'est ce qui demande de l'érudition, des recherches, des confrontations dont la plûpart s'épargnent la peine. Sans remonter jusqu'aux sources et sans consulter les originaux, ils se contentent de compiler cinq à six auteurs modernes, qui peut-être eux-mêmes ont écrit sur la foi d'autres auteurs postérieurs au tems où les choses se sont passées. Encore s'ils les transcrivoient en fidèles copistes, le mal ne seroit pas si grand : mais ce n'est pas ainsi que l'on s'y prend. On veut dépayser le lecteur et lui dérober la connoissance, non des sources, mais des ruisseaux, souvent très éloignés de la source, auxquels on a été puiser ; et pour cela on déguise les faits, on ajoute une circonstance, on en supprime une autre, on suppose un motif imaginaire à la place d'un motif réel ; et l'on parvient ainsi à dire les choses d'une manière neuve et originale. Je ne parle point en l'air, et j'ai vérifié ce que je viens de dire, à l'égard d'un bon nombre d'écrivains, qui chargent la marge de leurs histoires de citation d'auteurs qu'ils n'ont pas lus, à qui ils font dire quelque fois tout le contraire de ce qu'ils disent.

E u d o x e.

Je n'aurois pas cru qu'il y eut tant de négligence et de mauvaise foi dans des personnes qui font profession de dire la vérité, et qui se vantent d'en être bien instruites. Croyez-vous

PHILISTE.

Croyez-vous qu'un menteur fasse profession de mentir, ou qu'un homme qui raconte un fait dout il est mal informé, avoue à sa honte qu'il a négligé de s'en instruire, quoiqu'il put et qu'il dût le faire ? Ne voyons-nous pas au contraire, que personne ne parle avec plus d'assûrance, et qu'ils ferment souvent la bouche à ceux qui en savent plus qu'eux ? cela me rappelle cet historien qui écrivant la guerre que les Romains avoient faite de son tems, en Syrie, commençoit ainsi son histoire : je n'écrirai rien que je n'aye vu et entendu, et dont je ne sois parfaitement informé. Cependant il n'étoit jamais sorti de la ville. Il n'avoit jamais vu un Syrien, ni même entendu les nouvelles que débitoient les oisifs politiques.

EUDOXE.

Cet historien étoit un impudent, mais après tout, ces sortes de gens sont rares, et je ne pense pas que nous ayons beaucoup d'écrivains de ce caractère.

PHILISTE.

Quand nous n'aurions que les faiseurs de mémoires, le nombre u'en seroit pas petit. A les entendre, ils ont passé toute leur vie près des ministres, ils ont assisté a tous les conseils, toutes les affaires de l'état leur ont passé par les mains. On leur a dit cela; ils tiennent telle chose d'un individu qu'ils ne peuvent nommer, et mille autres impertinences écloses de leur cerveau, qu'ils débitent avec une effronterie inconcevable. Tous les mémoires ne sont pas compris dans cette censure. Il y en a de bons. On les connoît assez : mais on ne sauroit trop se défier des mémoires écrits sans nom d'auteurs, ou publiés sous le nom de quelque grand personnage long-tems après sa mort, à moins qu'on ne soit sûr qu'il les a composés.

E U D O X E.

Les aventures bizarres, et les anecdotes singulières dont ils sont pleins, m'en ont toujours inspiré de la défiance. Mais enfin que doit faire un historien pour s'assurer de la vérité des faits qu'il raconte ?

P H I L I S T E.

Ou l'on écrit l'histoire de son tems, ou celle des tems passés. Dans le premier cas, il semble d'abord qu'il seroit à souhaiter que tous ceux qui font des choses dignes d'avoir place dans l'histoire, se donnassent la peine de les mettre par écrit.

Mais outre que les uns ont trop affaire
pour avoir le tems d'écrire , que d'autres
n'en ont pas le talent, on pourroit craindre
encore qu'ils ne fussent ni assez sincères, ni
assez modestes. Quoiqu'il en soit, si l'on
n'a point eu de part aux affaires que l'on
écrit , il faut s'assurer de la vérité, par
toutes les voyes que la prudence suggérera ,
consultant les personnes instruites et désin-
téressées ; examinant leurs rapports, et lorsqu'ils sont différens, s'attachant au rapport
le plus vraisemblable. Il est vrai qu'on n'est
pas toujours sûr de trouver la vérité , même
en se donnant tous les soins nécessaires
pour cela ; mais au moins on a rien à se
reprocher. Au défaut du certain , on s'accommode de ce qui paroît plus probable ,
et si l'on n'a pas le merite de la vérité ,
on a celui de la sincérité. Dans le second
cas , où l'on écrit ce qui s'est passé dans
des tems plus ou moins éloignés ; le premier et le principal soin doit être de consulter les contemporains , et de les lire ,
non point par les yeux d'autrui, ni dans
des traductions , encore moins dans des
citations , où rien n'est plus ordinaire
que de prendre à gauche le sens des auteurs, mais en eux-mêmes , dans leur lan-
que et de ses propres yeux. Ce qui suppose ,
comme vous voyez la connoissance des
langues mortes et de la plupart des langues vivantes. Par exemple , il est impossible d'écrire sur des bons mémoires

l'histoire de France, si outre le Français, on ne sait encore le Grec, le Latin, l'Italien, l'Espagnol, l'Anglois et l'Allemand.

E U D O X E.

En voilà plus qu'il n'en faut ponr dégoûter bien de gens de travailler à notre histoire,

P H I L I S T E.

Cela n'en dégoûtera que ceux qui ne sont pas fait pour l'écrire. Que ce travail au reste, tout grand qu'il est, soit absolument nécessaire, non seulement pour n'omettre aucun évènement mémorable, mais encore, pour savoir au juste la vérité; c'est ce qu'il m'est aisé de prouver, et dont vous allez convenir avec moi. Notre histoire n'est point une histoire isolée, et qui ne tient par aucun droit à celle des autres nations. Depuis le commencoment de notre monarchie jusqu'à présent, nous avons fait des expéditions dans un grand nombre de pays; nous avons eu des guerres à soutenir contre les Grecs, les Lombards, les Italiens, les Allemands, les Espagnols et les Anglois. Je ne dis rien de nós croisades et de nos conquêtes dans le nouveau monde. Or les motifs et les succès de ses différentes guerres, ont été racontés par les historiens de ces divers peuples, ainsi que par les nôtres ; et presque toujours d'une manière peu uniforme ; ainsi un écrivain qui veut savoir le vrai, et se garantir de tout soupçon de partialité , est obligé de lire d'autres historiens que ceux de son pays dans les évènemens où la gloire d'une nation est interessée. C'est un juge qui ne peut se dispenser d'entendre également les deux partis avant. de prononcer. Outre les historiens, il y a encore une infinité de monumens, d'actes , de pièces authentiques qu'il faut lire pour avoir une parfaite intelligence des faits , et qu'on trouve dans les compilations des savans qui ont travaillé sur l'histoire en critiques. Je passe sous silence la géographie , tant celle qui marque la position des villes et les limites des empires , que celle qui apprend l'origine des peuples , les pays où ils se sont établis , leurs colonies et leur changement de nom, changement qui causent souvent bien de l'embarras dans les histoires. Vous comprenez, sans que je le dise, qu'un historien doit en avoir une connoissance exacte, ainsi que de la chronologie et de la science des médailles , qui servent l'une et l'autre, à fixer l'époque des faits , qui n'est pas toujours marquée avec assez de précision dans les anciens écrivains.

E R A S T E.

Il semble que vous travailliez de con-

cert; Ariston et vous, à nous donner l'idée
la plus effrayante de la difficulté de l'histoire.

CLEANTHE.

Ce que je dirai à mon tour, n'en rendra
pas la composition plus facile, et achevera
de vous en faire regarder l'entreprise
comme une de celle qui demandent plus
de génie et de travail.

ERASTE.

A coup sûr, vous désespérerez tous ceux
qui voudront suivre vos principes; mais
du moins, Philiste, après avoir lu tant de
volumes, soit imprimés, soit manuscrits,
peut-on se flatter d'avoir découvert la vérité
et a-t-on des règles sûres pour la discerner ?

PHILISTE.

Il n'y a guères d'embarras pour les
faits. Le témoignage unanime d'un historien ou même d'un auteur grave qui
n'est contredit par aucun autre bannit
tout doute à ce sujet. J'excepte les faits
absurdes et incroyables, dont quelques écrivains crédules, amis du merveilleux, ou entêtés de quelques préju-

gés ridicules ont pris plaisir à charger leurs histoires. Croire de pareils témoins sur leur parole, malgré le sens commun qui réclame ses droits, c'est faire tort à son jugement et se décrier dans l'esprit des gens sensés. Ainsi Hérodote auroit pu se dispenser de nous débiter tant de contes qui avoient cours de son tems dans la Grèce et Tite-live de rapporter tant de prodiges qui sembloient arriver à point nommé, soit à Rome, soit dans le reste de l'Italie à la veille de quelque évènement fâcheux. Je ne parle point de Maimbourg qui a rempli quelques uns de ses ouvrages d'aventures et de traits dignes de l'Archevêque Turpin et de l'Arioste, sur la foi de Guillaume de Tyr, ou des écrivains de l'histoire Bysantine. Je ne crois qu'il soit besoin que je vous avertisse de ne pas confondre avec les faits dont je viens de parler, certains phénomènes, qui n'en méritent pas moins la créance d'un lecteur raisonnable, l'orsqu'ils sont revêtus de caractères d'évidence, auquels on ne peut se refuser.

ERASTE.

Vous avez raison ; et je pense que c'est ici le lieu d'appliquer la sage maxime de Phedre, qu'il est également dangereux de croire et de ne pas croire, de croire tout et de ne rien croire. Ce n'est pas la possibilité du fait qu'il faut examiner alors, mais les preuves qui en établissent l'existence ; et lorsqu'elles ont un certain dégré de force et de clarté, c'est opiniâtreté que de ne vouloir s'y rendre.

PHILISTE.

Je suis charmé de vous voir penser comme moi sur ce point. Il n y a donc ainsi que j'ai dit, aucune difficulté par rapport aux faits. Mais il n'en est pas de même à l'égard de leurs circonstances. Il est rare que les historiens soient d'accord sur les causes d'un évènement et sur la manière dont il s'est passé. L'un dit que la scène s'est passée en tel lieu, l'autre qu'elle s'est passé en tel autre lieu. Celui-ci qu'il y a eu tant de milliers d'hommes tués en telle bataille, celui-là qu'il y en a eu beaucoup moins. Un historien donne l'avantage à sa nation dans une rencontre où un autre l'attribue tout en entier à la sienne. Le peu de concert que nous voyons régner sur ce point entre les historiens modernes, peut nous faire juger qu'il n'y en avoit pas davantage parmi les anci ns : et si nous avions l'histoire des nations qui ont eu affaire autrefois aux Grecs et aux Romains, nous y trouverions sans doute une très-grande différence pour la manière de raconter les mêmes évènemens. Je ne saurois m'imaginer par exemple que Cartage eut vis-à-vis de Rome d'autre tort, que d'être assez puissante pour s'opposer à ses conquêtes et pour exciter sa jalousie, et je ne doute point qu'on ne lût dans l'histoire des Chartaginois le détail d'un grand nombre d'intrigues sourdes, de manèges politiques, de fraudes et de violences dont les écrivains de Rome n'ont eu garde de nous instruire. Quoi qu'il en soit, dans les occasions où ils se contredisent, la raison veut en premier lieu qu'on ajoute plus de foi aux contemporains qu'à ceux qui ont écris depuis. En second lieu, que touchant le plan d'une bataille, la disposition d'un camp, le siège d'une place, la marche d'une armée et tout le détail des opérations militaires on s'en rapporte aux gens du métier préférablement à tout autre. J'en dis autant des affaires de politique. En troisième lieu dans les guerres civiles, les ligues et les révolutions, le plus sûr est de se défier des écrivains de l'un et de l'autre parti, de s'attacher à ceux qui ont été neutres, et qui écrivant sans aucun motif d'intérêt méritent d'être crus dans le bien et dans le mal qu'ils rapportent. Quant aux guerres et aux démêlés de nation à nation, on ne sauroit être trop en garde contre l'esprit national, qui exagère ses succès et diminue ses pertes. La meilleure règle est de regarder comme vrai ce que les auteurs disent unanimement au désavantage de leur nation et à l'avantage de leurs ennemis. Pour ce qui est des occasions où chaque nation prétend que la raison est pour elle, il est difficile qu'en comparant ce qu'on allègue de part et d'autre, on ne découvre de quel côté est la partialité, pourvu qu'on soit soi-même impartial. Enfin, si après avoir tout examiné, il est absolument impossible de se décider, le devoir de l'historien est alors de rapporter fidèlement les divers sentimens et d'en laisser le choix au lecteur.

E U D O X E.

Je reconnois la sagesse de ces règles; sans doute elles sont très-utiles et même nécessaires pour atteindre si non au vrai, du moins au vraisemblable en tout ce qui touche la nature des faits et leurs circonstances. Mais je ne vois pas qu'elles servent beaucoup à la connoissance des causes et des véritables motifs de chaque entreprise. C'est cependant ce qu'il y a de plus important dans l'histoire, ce qui en rend la lecture plus intéressante, et ce que les hommes sont plus curieux de connoître. Mais c'est aussi par malheur ce qui est plus difficile à l'historien de pénétrer. Comment en effet pourra-t-il percer à travers le voile dont la politique se couvre? Comment sauroit-il les raisons de ce qui s'est passé dans des lieux éloignés , tandis que souvent ceux-mêmes sous les yeux de qui les choses se passent n'en sont pas informés ? Que d'affaires se traitent dans le cabinet , et ne transpirent point au dehors ? Combien de motifs supposés qu'on répand avec affectation dans le public pour lui ôter jusqu'au moindre soupçon des motifs véritables ? Combien d'individus s'étudient à pénétrer le fond des choses , et se flattent peut-être de l'avoir découvert, tandis qu'il n'en voyent que l'écorse ? Que faire donc ? Faudra-t-il renoncer entièrement à cette partie de l'histoire, et la dépouiller de ce charme , sans laquelle elle sera infailliblement sèche, languissante et insipide? ou s'abandonnera-t-on à des conjectures frivoles , et pour l'ordinaire d'autant plus éloignées de la vérité qu'elles approchent davantage de la vraisemblance.

<h3>P H I L I S T E.</h3>

Eraste me reprochoit tout-à-l'heure de rendre la composition de l'histoire impraticable ; et voilà que vous toûchez vous-même au point le plus propre à rebuter ceux qui se mêlent de ce genre d'écrire ; vous croyez sans doute m'avoir enfermé dans un labyrinthe dont je ne trouverai point l'issue , et vous goûtez le plaisir malin de m'avoir jetté dans l'embarras.

E U D O X E.

Moi ? point du tout. Je ne veux que m'instruire , et savoir quelle est votre pensée sur un article si délicat.

P H I L I S T E.

Vous en serez peut-être surpris, quand vous l'aurez entendue : votre objection loin de m'embarasser, me fournit la réponse que je vais faire. Je demeure d'accord qu'il est très-difficile, pour ne pas dire impossible , à l'historien de démêler les ressorts qui ont remué les plus grandes entreprises ; et je me défie beaucoup de ces écrivains politiques, qui raisonnent à perte de vue sur tout. Rien n'est plus vuide que tous ces raisonnemens qu'ils étalent avec tant de complaisance. Cette hauteur de spéculation , ce rafinement de réflexions est un très grand défaut dans l'historien. D'un autre côté , cependant si l'on n'accorde rien à la politique, si l'on se contente du récit simple et nu des choses, sans remonter jusqu'aux motifs et aux intentions secrètes , outre que l'histoire y perd beaucoup de son prix , et de cet intérêt qui en fait l'ame , on ne remplit qu'imparfaitement la fin qu'elle se propose , qui est d'instruire les siècles à venir par l'expérience des siècles passés. Sans la connoissance des causes, celle des évènemens ne peut être qu'imparfaite. Puisqu'il faut prendre un parti entre ces deux extrémités, le meilleur est de les concilier tous deux ensemble, et de donner à la politique, autant qu'il est nécessaire pour mettre un lecteur raisonnablement curieux au fait de ce qu'il importe le plus de savoir, et de ce qu'il a plus d'envie d'apprendre.

E U D O X E.

Mais encore ! quel est cet expédient et ce moyen de conciliation ? hâtez-vous de satisfaire là-dessus mon impatience.

P H I L I S T E.

Vous allez voir que ce n'est rien de bien recherché. Les hommes dans leurs délibérations et leurs entreprises se conduisent comme vous savez, ou par l'impression du caractère, ou par des vues politiques et réfléchies. Donner tout au naturel et au tempérament comme a fait Saluste, ou à la dissimulation comme a fait Tacite, ce sont deux excès dont un bon écrivain doit se garantir. Ils ont l'un et l'autre une profonde connoissance de l'homme ; le premier de ce qu'il est par sa nature, le second de ce qu'il devient par l'éducation ; mis ils n'ont pas fait attention que pour peindre un caractère dans son entier, aux qualités bonnes et mauvaises qu'il a reçues de la nature, il faut ajouter les vices et les vertus qu'il tient de l'éducation ; que celle-ci change le naturel soit en bien soit en mal, mais qu'elle ne le détruit jamais. Ces deux auteurs sont donc également blâmables ; cependant s'il falloit choisir, je préférerois le défaut de Salluste, à celui de Tacite, et il me seroit aisé d'apporter les raisons de cette préférence : mais il vaut encore mieux ne copier ni l'un ni l'autre, ou plutôt corriger l'un par l'autre. Je voudrois que l'historien étudiât le caractère de ses principaux personnages, que les suivant dans tout le cours de leurs actions, il s'appliquât à démêler celles où la politique a eu part, de celles que le génie seul a inspirées, et qu'il donnât à la nature et à l'art ce qui leur appartient. Par-là il s'écarteroit rarement de la vérité et jamais de la vraisemblance ; je voudrais sur-tout qu'il ne se permit jamais de raisonner sur des actions dont les motifs lui sont inconnus. Il doit se contenter d'exposer ce qui est venu à sa connoissance, et sur tout le reste avouer son ignorance : d'autant plus qu'on n'exige pas d'un historien qu'il sache tout ; mais on a droit d'exiger de lui, qu'il n'avance rien sans preuves.

E R A S T E.

J'approuve fort le tempérament que

vous proposez : mais je serois bien aise de savoir pour quelles raisons vous préféreriez le tour qu'à pris Salluste à celui de Tacite.

PHILISTE.

Je vais vous le dire. Je les ai lues la plupart dans Saint-Evremond , celui de tous nos auteurs qui a réfléchis d'une manière plus juste , et plus délicate sur les historiens latins. Tacite nous donne souvent des causes bien recherchées de certaines actions simples et naturelles. Si Auguste met des bornes à l'empire , c'est qu'il craint qu'un autre n'ait la gloire de les étendre. S'il choisit Tibere pour lui succéder , ce n'est ni par amour pour lui , ni par le zèle pour le bien de l'état ; mais parce que connoissant son arrogance et sa cruauté , il veut tirer avantage de la comparaison qu'on fera de lui , avec son successeur. Le crime chez cet écrivain n'inspire pas toute l'horreur qu'il mérite. Quant on lit l'empoisonnement de Britannicus , l'esprit occupé à observer la contenance des spectateurs , ne peine qu'à Agripine , et à Octavie , laisse échapper le parricide à sa haine , et le prince mourant à sa pitié. D'ailleurs la politique de Tacite a toujours, je ne sais quoi de noir et de méchant. Il dit du mal de presque tout le monde. Après la lecture de son histoire , comme après celle des satyres de Juvenal , on seroit tenté de les croire

l'un aussi méchant, l'autre aussi corrompu
que ceux dont ils peignent les noirceurs et
les infamies ; l'homme de probité ménage
avec plus de soin la pudeur dans la censure qu'il fait du vice, et il ne donne
point au crime des couleurs qui en dé-
guisent la noirceur, pour relever l'habi-
lité avec laquelle il a été conduit. Eraste,
vous avez lu Tacite. N'a-t-il pas fait sur
vous les impressions dont je viens de
parler.

E R A S T E.

J'avoue que j'ai eu bien de la peine
à me défendre d'un plaisir secret que
je goutois malgré-moi à la lecture de
certains endroits, qui auraient du soulever
toute mon indignation. Je trouve comme
vous que cet auteur a réussi, peut-être
sans le vouloir, à ôter au vice ce qu'il a de
plus odieux en le faisant agir avec tant d'a-
dresse et de dextérite. Mais je crains que cette
considération ne nous emporte trop loin,
et vous fasse perdre le fil de votre discours.

P H I L I S T E.

Il me reste à dire un mot de la manière dont on doit arranger les faits. Le
but de cet arrangement est d'éviter la
confusion et de rassembler en un seul corps
une multitude de faits détachés. Car il
faut, comme je l'ai déjà dit, que tout

tende

tende à l'unité dans l'histoire , ainsi que dans tout ouvrage susceptible de régularité et de proportion. Autrement ce n'est plus une histoire que l'on écrit , mais plusieurs morceaux d'histoire qui n'ont entre eux aucune liaison. Ce n'est donc pas assez d'écarter de son sujet tous les faits qui n'ont aucun rapport, il faut encore savoir lier et assortir tous ceux qui doivent y trouver place. Or cela n'est pas aisé , sur-tout dans un ouvrage de quelque étendue , et c'est ici que l'historien a plus besoin d'art et de génie, car il n'est pas maître de son plan comme le poëte l'est du sien. Souvent la matière qu'il met en œuvre a une forme si bizarre , qu'elle se refuse presque tout à l'arrangement. Je ne parle ici que de l'ordre dans lequel lesfaits doivent être racontés , laissant à Cléanthe à nous développer l'art admirable des transitions. Il y a deux sortes d'ordres , l'un naturel, qui n'est autre chose que la suite des évènemens , selon le tems où ils sont arrivés. L'autre artificiel qui dépend de l'historien.

E R A S T E.

Il me semble qu'un historien qui s'attache à l'ordre naturel des faits est sûr de ne pas manquer de méthode ni de clarté, que la marche de son histoire, si j'ose parler ainsi, doit se régler sur celle des choses qu'il entreprend de raconter.

D

P H I L I S T E.

Vous avez raison ; pour l'ordinaire la route de l'historien est toute tracée par la chronologie. Je ne lui conseille pas cependant de la suivre si scrupuleusement qu'il n'ose jamais s'en écarter. Vous savez qu'il n'est pas toujours possible d'observer toutes les règles, et que dans les occasions où il faut en violer quelqu'une, le bon sens veut qu'on sacrifie les moins importantes à celles qui le sont d'avantage. La clarté est vue de ces dernières et il y a des rencontres où l'on ne peut suivre l'ordre chronologique sans préjudicier à la clarté. En effet il se présente assez souvent dans le cours d'une histoire des évènemens qui ont duré plusieurs années consécutives, et on les rendroient inintelligibles, si on en partageoit le récit. C'est peut-être là le plus grand inconvénient des annalles, où l'on est obligé de ranger par années ; ici le commencement, là le progrès, et plus loin le dénouement d'une affaire qui demandoit à être racontée de suite. L'historien n'est point gêné en cela comme l'analiste ; il peut, et doit même alors quelquefois anticiper sur l'ordre des tems, quelquefois attendre jusqu'au moment de la catastrophe. Je ne veux pas dire pour cela, qu'il faille toujours en user de la sorte et qu'on ne puisse interrompre le fil d'une narration trop longue. Mais alors , il est bon de remarquer les endroits où l'on peut s'arrêter , et où on prévoit que l'esprit du lecteur , satisfait sur ce qu'il a déjà lu , pourra suspendre sa curiosité touchant ce qui lui reste à savoir. Il est encore à propos, afin de tenir toujours en haleine , de jetter quelques semences de ce qu'on doit dire dans la suite, en annonçant que telle affaire qui paroît terminée , se renouera , que telle guerre que l'on juge éteinte , se rallumera , et ainsi du reste. Quelquefois aussi, pour mieux faire entendre ce qu'on a à raconter , il faut remonter jusqu'à des tems qui ont précédé l'histoire qu'on écrit ; ce qui est encore une espèce de contravention à l'ordre chronologique. Cela est sur-tout nécessaire dans une histoire particulière. Un auteur, par exemple , qui écrit la révolution française , ne peut se dispenser de donner une idée de la situation où se trouvoit le gouvernement sous le règne du dernier roi des Français , et par conséquent, de dire quelque chose de ce qui appartient à son règne. Mais il est contre le bon goût en écrivant ce qui s'est passé dans des siècles reculés , de faire des digressions aux affaires de son tems , et après avoir transporté le lecteur à des tems et en des pays éloignés , de le ramener tout-à-coup chez lui et à ce qui se passe sous ses yeux. Rien ne distrait plus l'attention , et ne refroidit davantage l'imagination. D'ailleurs, il est ridicule d'offrir à ses regards, ce que le titre de l'ouvrage ne promet point, ce qu'il ne cherche pas, et ce qu'il est même fâché de trouver. Maimbourg est tombé dans ce défaut, en quelques unes de ses histoires. Vertot, dans son histoire de l'ordre de Malthe, a donné dans un défaut encore plus considérable. Il semble qu'il n'ait composé cet ouvrage, que pour y faire entrer une foule de grands évènemens qui ne touchent que de fort loin à son sujet ; il est si diffus en les racontant, que l'accessoire absorbe tout-à-fait le principal. On y perd presque toujours le titre de vue, et l'on ne sait si c'est l'histoire de France, celle des Papes ou celle des Turcs que l'on lit, ou plutôt on ne lit presque d'un bout à l'autre, que des lambeaux de tous les trois ; je conviens qu'il est permis de toucher à l'histoire des nations voisines, quand elle a du rapport à celle qu'on écrit : mais ceci ne doit être qu'en passant, très-sobrement, et seulement autant qu'il est nécessaire pour la parfaite intelligence du sujet qu'on traite.

Cléanthe, votre tour est enfin venu. C'est à vous de nous donner les préceptes du style historique, et de nous faire part de ce que vous avez remarqué dans la lecture des anciens et des modernes.

C L E A N T H E.

Il faut bien m'y résoudre , malgré la difficulté que j'aurai à m'expliquer sur une
matière , où l'expression ne rend presque
jamais bien le sentiment. C'es une chose
étrange que la disette où nous laissent
toutes les langues , lorsqu'il s'agit de parler
de ce qui touche le goût. Ce ne sont que
termes impropres , qu'expressions figurées,
que comparaisons imparfaites. On parle
beaucoup , et l'on est jamais content de
ce qu'on a dit , par ce qu'on sent que ce
n'est pas ce qu'on vouloit dire. Je l'ai déjà
éprouvé plusieurs fois , et je l'éprouverai
sans doute encore aujourd'hui. Je vous en
préviens , afin que , si je ne remplis pas
votre attente , vous ne m'en sachiez pas
mauvais gré.

E U D O X E.

A quoi bon ce préambule. Parlez sur
ces matières comme vous avez coutume de
le faire , et comme je vous ai entendu parler
plusieurs fois , et je vous répond qu'Éraste
et moi nous serons contens.

C L E A N T H E.

Je vais donc, sur votre parole , dire avec
confiance devant vous , ce que je ne dirois

qu'en tremblant devant d'autres personnes moins indulgentes. Chaque genre d'ouvrage a son style , et ce style a sa difficulté particulière. Mais celui de l'histoire est à mon sens le plus difficile de tous. Il réunit en lui des qualités si opposées , que l'une semble détruire l'autre , que leur assemblage est aussi rare qu'il est merveilleux. D'un côté , la majesté de l'histoire veut qu'on écrive noblement ; de l'autre , la vérité demande beaucoup de simplicité et de candeur. Il faut que ce style soit éloquent sans être figuré , qu'il ne soit ni trop austère , ni trop fleuri , que l'expression soit propre , claire , pure , également éloignée de la pompe et de la bassesse , de l'affectation et de la négligence ; que le tour en soit aisé , naturel , et que sans être recherché , il soit varié. Il doit se soutenir par le nombre et l'harmonie , mais les cadences ne doivent être ni si régulières , ni si marquées que celle du style oratoire. Il faut qu'il ait de l'haleine : car un style coupé , n'est pas propre à l'histoire ; et néanmoins qu'il ne soit pas périodique , et que les membres de la phrase ne se répondent pas avec cette justesse qu'on admire dans les discours d'un orateur. En un mot, le style historique n'a rien de commun avec tous les autres , et il est presque impossible d'y réussir si l'on s'est essayé auparavant avec succès en quelqu'autre genre d'écrire. Voilà en général quels sont

les qualités de ce style. Vous le reconnoî-
trez aisément dans la lecture des bons historiens : mais tout excellens qu'ils sont,
ils ne se ressemblent point. Voulez-vous
que je vous dise mon sentiment sur ceux
qu'on peut se proposer pour modèles ? je
ne parlerai que des anciens ; car c'est toujours à eux qu'il en faut revenir. D'ailleurs
je serois trop long, si je voulois parler des
modernes.

E U D O X E.

Dites ; vous nous ferez d'autant plus de
plaisir, que les gens de lettre ne sont pas
d'accord entr'eux sur les écrivains auxquels ont doit donner la préférence. J'en
ai vu qui mettoit César au-dessus de tous
les autres. Salluste a un grand nombre de
partisans. Quelques-uns sont charmés du
style orné et fleuri de Quinte-Curce. Laplu-
part sont pour Tite-Live, et je me rangerois
volontiers de l'avis de ces derniers, si c'étoit
aussi le vôtre.

C L E A N T H E.

Persuadez-vous bien que ce n'est point
une sentence que je veux prononcer. Je
ne prétends pas terminer les différens des
savans sur les matières de goût, et quand
je le prétendrois, ma prétention seroit
vaine. Au reste, il en est des historiens grecs
comme des latins ; Hérodote, Thucydide

et Xénophon ont chacun leurs admirateurs. Voyons quels sont les défauts et les béautés des ces ecrivains, et arrêtons-nous à ceux que nous jugerons les plus parfaits. Je m'étonne d'abord que le style moitié romanesque moitié déclamateur de Quinte-Curce ait jamais pu trouver des approbateurs parmi tout les gens de goût ; je ne pardonne qu'aux enfans de se laisser éblouir à ces faux brillans, à ces descriptions pour penser, à ces sentimens souvent moins grands que gigantesques qu'il donne à son héros, et à cette affectation d'esprit qui règne partout. Je ne conçois pas qu'un critique habile (Rapin) ait osé mettre en question si la manière d'écrire de Salluste étoit préférable à celle de Quinte-Curce. Il y a à la vérité dans le premier des expressions dures, une certaine rudesse, et je ne sais quoi de scabreux et de décousu dans son style : mais d'ailleurs c'est un des plus beaux génies qui ayent écrit l'histoire. Quelle rapidité dans sa narration ! Quel feu, quelle vivante energie ! Quelle beauté dans ses pensées ! Quelle profondeur dans ses réflexions ! Quelle air de vérité dans ses portraits ! pour avoir quelque chose de sombre et d'austère, il n'en n'a pas moins d'agrément. Ses graces ont un air fier et terrible ; mais je doute qu'elle plussent autant si elles avoient plus d'afféterie dans le langage et d'ornement dans la parure. Après tout, il n'a fait qu'imiter Thucydide.

Il a pris comme lui le chemin qui conduit au vrai sublime. César et Xénophon sont inimitables pour la pureté du langage. Il y a dans leur simplicité des graces où tout l'art imaginable ne peut atteindre. Quoiqu'ils parlent l'un et l'autre d'eux-mêmes, on ajoute volontiers foi à leur récit, qui est toujours modeste, et n'a rien d'exagéré. Et peut-être que César eût choisi un style plus relevé, s'il eût des actions moins grandes à décrire, ou si ses actions n'eussent pas été les siennes. Mais ils sont un peu froids, il leur manque à tous deux dela force, de la variété et des images. Le style d'Hérodote, à toute la pureté de celui de César et de Xénophon ; il a même quelque chose de plus gracieux et de plus naïf. C'est le plus agréable conteur que je connoisse. Aussi conte-t-il avec une complaisance, qui le jette souvent dans des écarts, qu'on lui pardonne en faveur des graces dont il accompagne jusqu'au moindre récit. Il faut avouer qu'il doit une partie de ces graces à l'harmonie de sa langue, et à la douceur du dialecte dont il s'est servi. Je ne puis mieux comparer son livre, qu'à ces belles antiques, qui font l'admiration et le désespoir de ceux qui les étudient pour les imiter. Pour Tite-Live, c'est le plus majestueux et le plus éloquent des historiens. C'est le Cicéron de l'histoire. La noblesse de son style va de pair avec la grandeur de l'empire Romain. Ceux qui lui reprochent d'être diffus, ne font pas réflexion qu'un style qui auroit eu moins de corps et moins de nombre, n'auroit pas convenu à un ouvrage, qui n'embrasse rien moins que sept cens ans chargés des plus grands évènemens que l'histoire ait racontés. D'ailleurs, tout diffus qu'il est, il n'ennuye point, et si l'on examine la chose de près, on verra qu'il ne donne à chaque récit que l'étendue qu'il mérite ; que dans les commencemens il est extrêmement serré, et qu'à mesure qu'il avance, il se développe, s'accroît et s'etend dans la même proportion que la puissance Romaine. Je crois donc que tous ceux qui travaillent à un grand corps d'histoire, ne peuvent se proposer de meilleur modèle, et c'est en effet celui auquel se sont attachés ceux d'entre les modernes qui ont plus de réputation.

ERASTE.

Je suis surpris que vous ne disiez rien du style de Tacite, qu'on peut regarder comme original, et qui caractérise un génie né pour l'histoire.

CLEANTHE.

Rappellez-vous ce que Philiste a dit de sa manière de penser : je le dis de sa façon d'écrire. Tacite n'a point écrit pour être imité, comme il n'a lui-même imité personne. Il avoit de très-grande qualité pour l'histoire, et Racine l'a nommé avec raison le plus grand peintre de l'antiquité. Mais ce n'est pas dans la partie du style qu'il a excellé. Il est dur, embarrassé, obscur, trop ingénieux pour être naturel. Au reste, s'il est du goût de tant de personnes, je n'en suis pas surpris. Outre qu'il est médisant, on croit se faire un certain mérite, en se piquant de posséder un auteur qui n'écrit pas pour tout le monde. Je reviens à ce que je disois plus haut, que quiconque veut se former au vrai style de l'histoire, doit sur-tout étudier Tite-Live et les autres dont j'ai fait mention, et prendre de chacun ce qu'il y a de meilleur. Savez-vous la raison pourquoi nous autres français, nous avons si peu d'historiens qni se fassent lire pour les graces du style ?

E R A S T E.

J'ai toujours cru que notre langue en étoit la cause ; j'ai entendu tant d'auteurs rejetter sur elle les fautes qu'on leur reproche, que je me persuade que leurs plaintes ne sont pas sans fondement.

C L E A N T H E.

Notre langue a plus raison de se plaindre

de ses écrivains , qu'ils n'en ont de se plaindre d'elle. Si elle est encore aujourd'hui si pauvre de tours et d'expressions, c'est qu'ils ne se sont pas assez étudiés à l'enrichir. Car elle est d'ailleurs par la nature de sa construction la plus propre à conter clairement et naturellement. Mais combien de gens prennent tous les jours la plume pour écrire l'histoire, qui ne connoissent ni le génie , ni les richesses de notre langue , qui n'ont pas même la première notion du style historique , et que l'on surprendroit beaucoup , si on leur disoit qu'il faut s'être exercé long-tems à écrire , avant que de rien donner au public en ce genre. Dès qu'ils ont amassé des matériaux, la plupart se persuadent qu'il suffit de marquer fidèlement les dates , et de ne point altèrer les faits en les racontant. La maxime d'Horace qui dit qu'un grand sens est la première qualité pour bien écrire , *scribendi rectè sapere est et principium et fons ,* , se vérifie surtout à l'égard de la composition de l'histoire. Comment en effet allier sans cela dans son style tant de qualités disparates, dont je parlois au commencement. Pensez-vous, Eraste , que beaucoup de gens en soient capables ?

E R A S T E.

Je ne sais, mais l'on en juge par ceux qui

ont écris jusqu'à présent, le nombre en est si petit que j'en suis pour ainsi dire, effrayé. A peine en compte-t-on trois ou quatre chez les anciens, et il y en a encore moins chez les modernes. J'ai oui dire à des gens de goût, que dans les parties historiques, les anciens l'emportent sur nous d'une manière qui ne souffre aucune comparaison. A quoi attribuer cela ; à l'extrême difficulté de réussir, ou à la négligence de nos auteurs ?

CLEANTHE.

A l'un et à l'autre. On ne se donne plus aujourd'hui pour se former le style, les peines que se donnoient les anciens ; et lorsqu'on lit ce qui est rapporté en ce genre de quelques-uns d'entre-eux, à peine peut-on le croire. Mais laissons un parallèle humiliant pour nous. La narration historique, à l'exagération près, a les mêmes qualités que la narration oratoire, la clarté, la briéveté, la vraisemblance. Pour la clarté, je ne vois personne qui soit comparable à Hérodote et à César. La briéveté de Salluste a été admirée de toute l'antiquité, il tranche en peu de paroles, les plus grands évènemens. Lucien fait le même éloge de Thucydide : il semble, dit-il que les affaires viennent le chercher et l'arrêtent malgré lui. N'allez pas cependant vous faire une fausse idée de la briéveté,

» ni croire que pour en avoir le mérite ,
» il faille tronquer les choses, et ne les rap-
» porter qu'a moitié. Elle consiste à pas-
» sera rapidement sur les objets peu im-
» portans et à s'avancer à grands pas vers
» les évènemens considérables, auxquels
» il faut donner une juste étendue).
Quant à la vraisemblance, l'historien doit
savoir qu'un fait, quoique vrai , n'est pas
toujours vraisemblable, qu'il ne devient
tel que par le choix et le détail des circonstances. (Lorsque je lis dans Tite-Live le
passage d'Annibal en Italie, cette action
qui d'un côté me paroît étonnante par sa
difficulté , par les embarras et les dangers
multipliés, qui semblent concourir, la rendre impossible , de l'autre devient vraisemblable de la manière dont cet historien l'a exposée; et en voyant tout ce
qu'a fait Annibal pour venir à bout d'un
dessein si extraordinaire, je conçois que
les plus hautes difficultés doivent s'ap-
plânir devant un si grand homme. De
même quand Thucydide raconte la dé-
faite des Athéniens devant Syracuse, et
me fait voir la face affaires de Sicile entièrement changée par l'arrivée du seul
Gylippe, cet évènement me semble d'abord
incroyable. Mais lorsque je fais attention
que Gylippe dès l'instant de son entrée
dans Syracuse, rassure les habitans cons-
ternés, leur donne un nouveau plan de
guerre, les oblige à lancer à l'eau leurs

vaisseaux et à livrer à leurs ennemis dans le port même ce fameux combat qui fut si funeste aux Athéniens ; lorsque je vois ensuite prendre des mesures si justes , pour empêcher qu'aucun Athénien ne se sauve ni par terre ni par mer , je n'ai pas de peine à concevoir qu'un seul homme ait pu causer une si grande révolution). Ainsi dans le récit des évènemens qui ont quelque chose de prodigieux , l'art consiste à en augmenter la vraissemblance autant qu'il sera possible sans rien diminuer de l'admiration qu'ils doivent causer pour leur difficulté. Voilà pour tous les récits particuliers : mais comme tout le corps de l'histoire est une narration continue , tous ces récits doivent être liés ensemble, de manière qu'ils n'en fassent qu'un. Il faut, dit Lucien , que tout se tienne sans interruption , comme les anneaux d'une chaîne , que ce ne soient pas plusieurs narrations mises bout-à-bout ; car ce n'est pas assez que la seconde vienne après la première , si elles n'ont quelque chose de commun , et si la fin de l'une ne se confond avec le commencement de l'autre. C'est à quoi servent les transitions qui de l'aveu des connoisseurs , sont ce qu'il y a de plus délicat et en même tems de plus difficile dans le style. La difficulté est encore plus grande pour l'histoire que pour tout autre genre d'ouvrage, par-ce que les passages y sont plus fréquens.

Les meilleures transitions sont celles qui consistent plus dans le sens, que dans les paroles. La manière d'arranger les faits peut les faire naître. Salluste et Tacite, ont trop négligé ce point essentiel ; de là vient que leur style n'a rien de coulant, que les passages sont brusques et ont je ne sais quoi d'escarpé qui rebutte et effraye le lecteur. Tite-Live est encore admirable par cet endroit.

E R A S T E.

Vous avez déjà touché un mot de l'éloquence de l'histoire, et vous avez dit que Tite-Live y excelloit par-dessus tous les autres. Je vous prie de me développer un peu l'artifice de cette éloquence ; car elle doit être sans doute bien différente de celle de l'orateur.

C L E A N T H E.

Elle l'est aussi ; et pour commencer par les figures qui sont les lumières du style, l'orateur s'en sert pour imposer ; l'historien ne les employe que pour s'animer et pour éviter d'être froid. Si l'histoire pouvoit s'en passer, et sans leurs secours graver profondément la vérité dans l'esprit des hommes, la candeur et la simplicité dont elle fait profession, lui en interdiroient absolument l'usage. Mais la vérité même a besoin du secours de l'art, pour faire im-

pression

pression ; que l'historien se serve donc de figures, mais sobrement et comme d'un remède ; qu'il évite seulement celles qui sont trop hardies, et trop impétueuses, et qu'il se borne à celles qui sont plus modestes, et plus réservées. Encore moins convient-il qu'il donne à son style les ornemens et la magnificence de la poësie : les passions ont aussi leur place dans l'histoire! mais la manière de les traiter n'a rien de commun avec celle dont on les traite par-tout ailleurs. L'orateur met dans son style, et dans son action, tous les mouvemens qu'il veut inspirer à ceux devant qui il parle. Il ne touche qu'autant qu'il paroît lui même touché. Le poëte va encore plus loin. Il représente la passion telle qu'elle est avec ses fureurs, et par la peinture animée qu'il en fait, il remue puissamment l'ame de ceux qui lisent, ou qui entendent ses vers. L'historien au contraire, toujours maître de lui même, garde son sang froid et n'echauffe que son style. Son dessein n'est pas de mouvoir les passions de ses lecteurs : mais de leur faire connoître, quelle part les passions ont eu aux actions qu'il raconte. Je ne dis rien des autres écrivains qui ont plus ou moins réussi dans cette partie, pour ne parler que du seul Tite-Live, qui au jugement de Quintilieu a porté plus loin qu'aucun autre le pathétique propre de l'histoire. Peut-on sans être touché, lire dans cet auteur l'enlevement des Sabines et la manière dont elles désarmèrent leurs pères et leurs époux ? la mort de Lucrece, et le serment que Brutus fit de la venger, la passion d'Appius , la mort de Virginie et le désespoir de son père , la consternation de Rome après la bataille de Cannes et mille autres endroits qui sont des modèles du sublime de l'éloquence historique.

EUDOXE.

Mais pourquoi ne lit-on rien de semblable dans aucun des historiens modernes. Car je ne regarde pas comme véritable éloquence , l'enthousiasme et les expressions poëtiques et ampoullées de quelques uns ; malgré leurs belles descriptions de sièges et de batailles , où ils remplissent tout de carnage , et font ruisseler le sang de toutes parts. Je doute qu'on puisse trouver chez eux un seul morceau vraiment éloquent et pathétique.

CLEANTHE.

Les raisons en seroient trop longues à déduire. C'est que les uns n'avoient pas assez de génie pour cela; que d'autres n'ont pas cru que le pathétique appartint à l'histoire , ou n'ont pas connu en quoi il consistoit ; que d'autres enfin ont mieux aimé y substituer des épisodes galantes

et des intrigues d'amour. Je n'ai plus
qu'un mot à dire des harangues , des descriptions , des portraits et des réflexions.

E U D O X E.

Pour les harangues , vous me permet-
trez de prévenir vôtre jugement , et de
vous déclarer que jamais je n'ai pu les
souffrir ni dans les anciens , ni dans lés
modernes qui en ont fait à leur exemple.

C L E A N T H E.

Vous ne pouvez les condamner absolument , sans faire le procès à tous les historiens de l'antiquité. Je vous avoue que
je n'oserois prendre cela sur moi. Qu'on
dise ce qu'on voudra , que les harangues
sont contraire au génie de l'histoire ,
qu'elles choquent la vraisemblance quelles
sont toutes de la façon de l'historien ,
qu'enfin les discours indirects sont plus
naturels et plus vrais ; toutes ces raisons
sont bonnes : mais l'autorité des anciens
est un grand contre-poids. On a vu sans
doute les raisons qui nous portent à rejetter les harangues ; mais nous ne faisons pas assez d'attention à celles qu'ils
ont eu de les admettre. D'abord elles jet-
tent dans l'histoire une grande variété :
elles rendent la scène plus animée ; dé-
lassent l'esprit du lecteur , qu'un récit con-

tinu fatigue et ennuie. Outre cela , les harangues des anciens péchent moins contre la vraissemblance que les nôtres. Ceux qu'ils font parler étoient presque tous ré- publicains , et les républicains ont tous été de grands harangueurs. D'ailleurs leurs harangues , en particulier de Thucydide , de Salluste et de Tite-Live, sont des chef- d'œuvres d'éloquence. On sait ce que Ciceron a dit des discours de Thucydide ; qu'il les trouvoit fort beaux : que quand il voudrait en faire autant , il ne le pour- rait pas ; mais que quand il le pourrait, il ne le voudrait pas. Quelques-uns ont cru que Ciceron témoignoit par-là , qu'il jugeoit les discours déplacés dans une his- toire. Pour moi je crois que Ciceron en veut ici à la profondeur et à l'obscurité qui règnent dans les harangues de Thu- cydide , et qui ne conviendroient pas à l'orateur , dont le style doit être clair et les pensées populaires. Je ne veux pas dire au reste, qu'il n'y ait en ce point rien à reprendre dans les anciens. Ils se sont un peu trop abandonnés à leur génie oratoire , leurs discours sont pour la plupart trop longs , et l'usage en est trop fréquent. A l'égard des modernes qui sans discerne- ment ont suivi en cela les anciens, je les livre à la censure du Bocalin , qui dans son parnasse condamne à lire une haran- gue de Guichardin , un vieillard qu'on avoit surpris lisant un madrigal avec des lunettes.

E R A S T E.

Je souscris à votre jugement. Rien ne
me paroît moins raisonnable que d'enve-
lopper dans la même condamnation les
anciens et les modernes, dans un cas où
leurs causes sont évidemment différentes,
et où les premiers sont bien moins coupables que les seconds. Mais prenez garde
à ce que vous direz par rapport aux descriptions. Pour peu que vous soyez sévère
sur cet article, les jeunes auteurs et tous
ceux qui ont l'imagination brillante et fer-
tile se soulèverout contre vous.

C L E A N T H E.

Je m'y attends bien. Cependant je n'en
dirai pas moins mon sentiment, qui est
que les descriptions doivent être courtes,
rares et placées à propos. Tout historien
qui a du goût ne sauroit être trop en garde
contre cette amorce. Les plus sages souvent s'y sont laissé prendre. On reproche
avec raison à César de décrire avec affectation les ponts, les machines et les autres
ouvrages de son invention. Il semble qu'il
soit plus jaloux de la réputation de grand
ingénieur que de celle de grand capitaine.
La description de l'Afrique dans Salluste
est trop longue. Lucien trouve le même
défaut dans la description de la peste de

l'Attique , au second livre de Thucydide. Les circonstances et les symptômes de cette maladie qui font un si bel effet dans un poëme , tel que celui de Lucrece , ne sont pas à leur place dans une histoire. Il faut encore imiter ici la sagesse de Tite-Live , qui omet les descriptions inutiles , et ne s'arrête à celles qui sont nécessaires , qu'autant que la clarté de la narration l'exige. Il a compris mieux que personne que rien ne devoit être moins prodigué dans l'histoire , que ce qui sert à l'embellir. Les portraits sont encore de ce genre , nous en faisons trop. Les Romans nous ont gâté l'esprit en ce point. Je ne vois dans Tite-Live que deux portraits , faits à dessein , celui de Camille , qui n'est, à proprement parler qu'un éloge , et celui d'Annibal, Thucydide n'en a qu'un. C'est celui de Thémistocle. Salluste s'est donné une plus libre carrière ; il ne paroît dans son histoire aucun personnage considérable , ne fit-il que passer , dont il ne trace le caractère , il est vrai que ses portraits sont achevés.

E r a s t e.

Je me rappelle d'avoir lu dans Saint-Evremond , que Salluste a saisi dans les caractères des nuances et des différences délicates , qui échappent , à ce qu'il prétend , à nos historiens.

C L E A N T H E.

La raison en est simple. Salluste n'a peint que des gens qu'il a connus, ou dont la mémoire étoit encore toute récente quand il écrivoit. C'est un Catilina, un Caton, un César, un Metellus, un Sylla, et nous nous peignons d'imagination des caractères que les anciens nous ont laissés, nous faisons à-peu-près ce que les peintres font des têtes antiques, je veux dire que nous les adoptons à qui bon nous semble. D'autres, comme Maimbourg, au lieu de portraits font des signalemens. On ne peint jamais mieux que par les belles actions ; Tite-Live nous donne une plus belle idée de Lucrece, en disant qu'elle fut surprise pendant la nuit au milieu de ses femmes travaillant à des ouvrages de laine, que s'il eût employé tout son esprit à en décrire la beauté. Il faut bien de la délicatesse dans le sentiment pour peindre ainsi. Comme les portraits ne sont jamais nécessaires, le meilleur est de n'en faire que rarement, et même point du tout, lorsqu'on n'est pas sûr de les faire ressemblans. D'ailleurs quand un lecteur sait au juste ce qu'un personnage a fait, dit et pensé, il supplée aisément de lui-même au portrait que l'historien a omis.

E U D O X E.

Je le crois de même en lisant une chose

que vous omettez. C'est que les portraits que l'on met à la tête de la vie de quelques hommes célèbres sont quelquefois démentis par les actions qu'on en raconte dans la suite de l'ouvrage ; c'est encore une des occasions où les écrivains employent plus souvent la flatterie et la médisance.

CLEANTHE.

Votre remarque est juste. Quant aux réflexions dont il me reste à parler, je ne crois pas qu'il faille les interdire tout-à-fait à l'histoire. Une sentence courte, judicieuse et mise en son lieu, donne beaucoup de relief à la narration. Mais s'épuiser en réflexions morales et politiques, comme font certains auteurs, c'est sortir du caractère de l'historien qni doit raconter simplement ce qui se présente. Une action bien exposée porte avec elle sa réflexion. C'est à l'esprit du lecteur à la faire éclore et à la développer. Elles n'entrent jamais plus naturellement dans l'ame, que quand elles sont, pour ainsi dire, fondues dans le corps de l'ouvrage, et ne font avec lui qu'un même tissu. Il est inutile de vous indiquer les auteurs qui ont pêché en ce point. Vous les connoîtrez assez par la lecture. Il y auroit encore bien des choses à dire sur le style de l'histoire ; mais si en traitant une matière de goût, je m'appesantissois sur les détails, je manquerois moi-même aux règles du goût. Ce que j'en ai dit vous mettra en état d'apprendre le reste par vous-mêmes, soit en lisant, soit en réfléchissant.

EUDOXE.

Nous le ferions sans doute, si après nous avoir donné sur la manière d'écrire l'histoire des règles qu'Eraste et moi nous ne mettrons peut-être jamais en pratique, vous vouliez bien encore nous apprendre comment il faut la lire et l'étudier.

CLEANTHE.

Le tems ne nous permet pas de nous engager dans un nouvel entretien qui seroit presqu'aussilong que celui-ci. Ce sera pour une autre fois ; j'espère qu'Ariston et Philiste se prêteront ainsi que moi à vos désirs.

SECOND ENTRETIEN.

INTERLOCUTEURS.

EUGÈNE.
PHRONIME.
ARISTE.

EUGÈNE.

Il y a trop long-tems , Phronime, que vous refusez de vous rendre à mes désirs et à mes plus vives instances. Je veux profiter aujourd'hui de la présence d'Ariste, pour vous arracher enfin un consentement , que je me flatte d'avoir mérité par mes poursuites et mon empressement. Je veux le prendre pour juge entre vous et moi, lui exposer mes demandes et vos refus , et obtenir par le crédit qu'il a sur votre esprit, une grace que j'aurois souhaité ne devoir qu'à vous seul.

ARISTE.

De quoi s'agit-il ? Parlez avec confiance ,

je vous ferai justice aux dépens même de mon ami.

P H R O N I M E

Je consens de m'en rapporter à votre décision, à condition que si je ne suis pas en état d'acquitter tout ce qu'Eugene exige de moi, vous me servirez de caution.

A R I S T E.

J'accepte la condition , si la chose est en mon pouvoir. Parlez donc, Eugene, expliquez-moi le sujet de votre plainte ?

E U G E N E.

J'ai une grande passion pour l'étude de l'histoire. Mais cette étude me paroît si vaste , si difficile , que j'ai presque résolu de l'abandonner, si je ne trouve quelqu'un qui m'en applânisse les difficultés , et m'en donne une méthode claire et abrégée. Je me suis adressé cent fois à Phronime, persuadé que personne n'étoit plus capable que lui de m'enseigner les routes de cet immense pays qu'il a parcouru tout entier. Toutes les fois, j'ai éprouvé de sa part des refus , que je ne sais à quel motif attribuer. Privé de ce secours, j'ai cherché dans les livres qui traitent de ces matières , de quoi suppléer au défaut de Phronime. Au lieu d'une méthode que je cherchois , j'en ai trouvé mille , toutes différentes , et peut-être toutes défectueuses. Leur multiplicité n'a fait qu'accroître mon embarras ; dans la crainte de me tromper au choix, j'ai pris le parti de revenir à Phronime , et de vaincre son obstination par mes prières. Décidez, Ariste , de la justice de mes demandes , et si je dois m'en désister, ou s'il doit s'y rendre.

ARISTE.

Mon jugement sera bientôt porté, l'ardeur que vous témoignez pour l'étude de l'histoire , la juste confiance que vous avez dans les lumières de Phronime, vos instances réitérées , les heureuses dispositions que vous faites paroître, l'utilité ou plutôt la nécessité de l'histoire , sont des motifs plus que suffisans pour engager Phronime , pour l'obliger même à vous faire part de ses connoissances.

PHRONIME.

Je ne reviendrai pas sur votre jugement, puisque j'ai engagé ma parole : mais songez vous-même à tenir la vôtre , je connois mes forces et la grandeur du fardeau que vous m'imposez : à peine en puis-je porter la moindre partie.

A r i s t e.

, Vous affectez de paroître plus pauvre que vous n'êtes , afin de vous décharger sur votre caution , de la plus grande partie de la dette. Mais vous savez que selon les loix , la caution n'est appellée au paiement , que quand le débiteur est insolvable. Agissez de bonne foi , je m'offre à partager la dette avec vous ; sinon je m'en tiendrai à la rigueur de la loi.

P h r o n i m e.

Je ne vous donnerai pas sujet de vous plaindre de vous être fait mon garant. Vous en allez juger. Eugène, vous attendez donc de moi que je vous donne une méthode claire et abrégée pour apprendre l'histoire : quelle histoire , s'il vous plaît ? car il y en a une infinité , et sans doute vous ne prétendez pas les savoir toutes.

E u g è n e.

Je le voudrois bien , si je croyois que la chose fût possible : mais autant que je puis croire , la vie la plus longue et la plus laborieusene pourroite y suffir. Ainsi bongré malgré , il faut que je me borne à nu petit nombre dshtoires.

PHRONIME.

Vous avez raison. Dans l'étude de l'histoire, encore plus que dans l'étude des autres sciences, l'esprit humain doit se borner : s'il entreprend de tout lire et de tout savoir, il n'aura de chaque chose qu'une science confuse et superficielle. Il vaut mieux s'arrêter à un certain nombre d'objets, et les connoître à fond, que de parcourir rapidement une infinité d'objets, sans se donner le tems de se fixer sur aucun. D'ailleurs, comme vous disiez, une si vaste entreprise rempliroit tous les momens de la plus longue vie. Or comme ce n'est pas seulement pour la curiosité, mais encore pour l'usage, qu'un bon citoyen doit apprendre l'histoire, et qu'il paroît assez inutile de savoir ce qui s'est passé dans les differens lieux et les différens tems ; si l'on ne se sert de cette connoissance pour régler sa conduite dans toutes les positions où l'on peut se trouver ; il y auroit de la folie à passer toute sa vie dans une étude stérile, dont on ne tireroit d'autre avantage que celui d'orner sa mémoire, et à se priver du fruit solide qu'on doit en retirer pour soi et pour sa patrie. En un mot, il y a un tems de la vie destiné à apprendre l'histoire, et un tems destiné à en profiter. Vous ne devez donc embrasser en ce genre, que ce que vous pourrez apprendre en un certain nombre d'années ; laissez le reste comme superflu, et même comme nuisible , s'il vous empêchoit de vous servir de ce que vous savez déjà. Ainsi dans l'impossibilité où vous êtes de lire toutes les histoires , choisissez parmi les anciennes et les modernes celles auxquelles vous croyez devoir vous fixer.

E U G È N E.

Ce choix ne sera pas long à faire. Il me semble que tout bon citoyen doit commencer par l'histoire de son pays , et qu'il faut savoir ce qui s'est passé chez soi , avant que de rechercher ce qui s'est fait chez les autres nations. Je mets donc d'abord à part l'histoire de France. Après cela je ne crois pas qu'il convienne à un bon républicain d'ignorer l'histoire Romaine. Et quand il ne seroit pas utile de la savoir , je la lirois par le seul plaisir , tant je la trouve intéressante.

P H R O N I M E.

Fort bien. Ajoutez à cela l'histoire des beaux tems de la Grèce. Ces deux histoires jointes à l'histoire des Juifs dont il est essentiel d'être bien instruit, parce qu'elle est la base de toutes les connoissances historiques , vous mettront sous les yeux les plus importans évènemens de l'antiquité.

S'il vous reste du tems , vous pourrez jetter un coup-d'œil sur l'histoire des nations voisines de la vôtre , qui, par cette raison, ont eu avec elle de fréquens démêlés. S'il y a encore quelque autre nation célèbre, dont l'histoire ait été écrite avec soin , il ne sera pas hors de propos d'en prendre une légère idée. Mais j'oublie ce que nous disions tout-à-l'heure, qu'il faut se borner ; ainsi fixez-vous à l'histoire Juive , à celle des Grecs , des Romains et des Français : ne faites chez les autres peuples que des excursions très-courtes et très-rares , et revenez toujours à ceux-là.

E U G È N E.

Vous voulez donc me concentrer dans un coin de l'Asie , et dans une petite partie de l'Europe , et m'interdire l'entrée de tous les autres pays du monde.

P H R O N I M E.

Eugène , la carière que je vous propose est plus vaste que vous ne pensez. L'histoire Grecque , sans y comprendre même les tems fabuleux, tient à celle des Egyptiens , des Mèdes , des Perses et des autres peuples anciens. L'histoire de Rome n'est point renfermée dans l'Italie. Dès qu'une fois les Romains eurent franchi la mer et détruit Carthage , leur histoire embrassa

celle

celle de toutes les nations qui ont fait quelque bruit dans l'univers. Celle de France a un rapport essentiel à ce qui s'est passé de plus considérable en Europe pendant treize siècles, et elle ne peut se dispenser d'en toucher quelque chose en passant. L'histoire des Juifs occupe seule un espace immense depuis l'origine du monde, vous verrez que ces quatre histoires forment une chaîne non interrompue, depuis les tems les plus reculés jusqu'à nous. Quand on sait bien tout ce qui appartient à l'histoire de ces quatre nations célèbres, les autres nations n'ont presque plus rien d'intéressant à nous offrir. Au reste, si cette étendue presque infinie de connoissances laissoit encore à votre curiosité quelque chose à désirer, je vous parlerai dans la suite d'un moyen facile et général de la satisfaire.

E U G È N E.

Vous me donnez à peine de quoi m'occuper pendant un ou deux ans. Je n'ai qu'à lire ces histoires telles que nous les avons en françois. J'en serai bientôt venu à bout.

P H R O N I M E.

Ce n'est pas ainsi que je l'entends. Ces compilations, quelque bien faites qu'on les suppose, ne donneront jamais qu'une connoissance imparfaite de l'histoire an-

cienne. Les ignorans peuvent s'y fixer :
ceux qui veulent savoir les choses plus à
fond , peuvent les consulter , mais ils doivent lire les auteurs originaux.

E U G È N E .

Dans quel labyrinthe me jettez-vous !
il faudra donc que je pâlisse toute ma
vie sur les auteurs Grecs et Latins , que
je lise tous les monumens de notre histoire , en remontant jusqu'à Celtès. Voulez-vous faire de moi un savant de profession ?

P H R O N I M E .

Non , Eugène , ce n'est pas mon des-
sien. Je veux avec l'esprit et l'amour de
l'étude que je vous connois, que vous acqué-
reiz en trois années d'un travail raisonnable,
une science qui vous sera aussi utile qu'ho-
norable pour tout le reste de la vie. Ne vous
effrayez point d'avance. Attendez que je
vous aie expliqué ma pensée à ce sujet.
Vous conviendrez sans peine que la lecture des auteurs originaux est infiniment
plus instructive que celle des auteurs qui
les ont compilés. J'ajoute qu'elle est beaucoup plus agréable que celle des plus
excellentes traductions. Les historiens
Grecs et Latins ont écrit la plupart avec
une dureté, une élégance , une noblesse,

qui fait et fera toujours l'admiration des gens de goût. Il est honteux pour un jeune homme qui a fait ses études, de ne pas savoir assez de Grec et de Latin pour les entendre ; et l'on est inexcusable de ne les avoir pas lus, lorsqu'on est en état de les lire. Avec l'avance que vous avez dans ces deux langues, il ne vous faudra désormais qu'un travail très-médiocre pour en venir là.

EUGÈNE.

Je conçois que ce travail me coûtera peu, et je le prendrai volontiers, si les auteurs dont vous parlez, sont aussi amusans, aussi instructifs que vous le dites. Mais où prendre le tems nécessaire pour les lire tous. Il y en a tant : ils ont écrit tant de gros volumes ?

PHRONIME.

Le nombre des historiens anciens que le tems nous a conservés n'est pas à beaucoup près si grand que vous l'imaginez. Il se réduit à une vingtaine d'auteurs, qui tous ensemble ne font guères plus du double de la grande histoire du P... Daniel. Ce qui les grossit si fort à vos yeux, ce sont les traductions, et les longs commentaires dont ils sont accompagnés. Je suppose qu'il faille cinq ou six fois plus

de tems pour les lire , que pour lire l'histoire de France , vous voyez que ce n'est
pas comme on dit, la mer à boire. Il y
a dans Paris des milliers de personnes ,
qui ont mis à la lecture des romans , des
brochures , et d'autres ouvrages futiles ,
plus de tems qu'il n'en eut fallu pour celle
des monumens de l'histoire Grecque et
Latine. Quant à notre histoire , gardez-
vous bien d'aller vous jetter dans la lecture
de tant d'annales et de vieilles chroniques composées par des auteurs ignorans
et barbares. Je ne suis point assez votre
ennemi , pour vous donner un semblable
conseil. Si vous aviez dessein de composer une histoire , ce serait autre chose.
Alors cette lecture, toute ingrate qu'elle
est , vous scroit indispensable. Mais d'autres ont pris cette peine afin de vous l'épargner. Sachez leur gré de leur travail , et
profitez-en.

E U G È N E.

Vous me rendez la vie. Je ne craignois
rien tant, que de me voir engagé par vos
avis dans une étude aussi sèche , aussi dé-
goûtante, que l'est celle de nos vieux faiseurs de chroniques. Je ne sais même , si
j'aurois été assez docile , pour vous obéir
en ce point.

Phronime.

Dans tout ce que je vous propose, Eugène, mon dessein est de vous polir et de vous orner l'esprit ; au lieu de se nourrir, de se fortifier, de s'étendre ; il se dessècheroit, se rétréciroit, s'abrutiroit même par le commerce qu'il auroit avec de tels écrivains. Graces aux soins de quelques célèbres, notre histoire a été tirée de ce chaos. Elle peut se lire aujourd'hui avec autant de plaisir, que celle des Grecs et de l'ancienne Rome. Vous n'avez besoin pour la savoir comme il faut, que de deux ou trois historiens ; joignez-y l'excellent abregé qui a été fait depuis peu, et qui est entre les mains de tout le monde. Il vous gravera dans la mémoire les faits les plus importans, et vous remettra en un instant devant les yeux, ce que vous avez vu plus au long dans les ouvrages des autres. Cependant si vous vous destinez à la guerre, vous ne ferez pas mal de lire les mémoires composés par nos grands hommes de guerre, depuis le règne de François premier. Vous y trouverez un détail très instructif d'opérations militaires, qui n'a pu trouver sa place dans une histoire générale. A l'egard des autres mémoires qui ne contiennent que des intrigues et des anecdotes souvent très-suspectes, ne vous laissez point aller à la curiosité de les lire. Ils ne sont bons

qu'à faire perdre du tems , et qu'à dégoûter
de toute lecture solide. Comme ils sont
séduisans , et pour la plupart fort bien écrits ,
si vous vous y engagez , vous ne pourrez
plus les quitter , vous renoncerez pour
eux à tout le reste. Evitez-les donc , comme
l'écueil le plus dangereux en matière d'histoire. Je ne veux point vous priver
du plaisir attaché à cette étude ; mais sa-
crifiez le plaisir frivole au plaisir utile.

E U G È N E.

Vous faites bien de me prévenir. J'ai
déjà parcouru quelques-uns de ces mémoires , qui m'ont inspiré du goût pour
ce genre d'écrits. Je serai desormais en
garde contre la séduction , et je vous pro-
mets de ne point lire d'autres mémoires
que ceux que vous m'aurez marqué vous-
même. Je connois par mon expérience et
par celle de plusieurs de mes amis , le
danger de toutes ces frivolités. Il faut
pourtant vous l'avouer , le sacrifice que je
vous fais me coûte ; et je renonce avec
bien plus dé peine à cette lecture , qu'à
celle des chroniques du vieux tems.

P H R O N I M E.

Je n'en doute point. Cependant les
chroniques ont leur utilité , et ces mémoires n'en ont aucune. Mais l'utilité ne

fut jamais la règle ni la mesure des goûts de la jeunesse. Nous nous sommes un peu étendus sur ce point. Revenons aux anciens, sur lesquels j'ai encore quelque chose à dire. Si vous les lisiez par le seul plaisir, sans autre dessein que celui de vous cultiver l'esprit, je ne vous proposerois aucun ordre dans cette lecture. Le goût ne veut être gêné. Vous passeriez librement d'un auteur Grec à un auteur Latin. Votre attrait en décideroit. Mais dans l'étude de l'histoire, il faut de l'ordre, il abrège et facilite le travail. Ne comptez point que les faits se développent et s'arrange dans votre tête. Si vous lisez pêle-mêle et confusément tantôt un morceau de l'histoire grecque, tantôt un morceau de l'histoire latine ; si après avoir lu par exemple, les Antiquités Romaines de Denis d'Halicarnasse, vous passez tout de suite à Salluste ou à Tacite, sans remplir le grand vuide que ces écrivains laissent entre eux. Ce n'est pas tout. Il y a peu d'historiens soit Grecs, soit Latins, qui soient venus entiers jusqu'à nous. La plupart sont pleins de lacunes ; il en est même quelques-uns comme Tite-Live, dont il ne nous reste qu'une très-petite partie, en comparaison de ce que nous avons perdu. La seconde décade manque toute entière, on n'a que cinq livres de la cinquième décade, encore sont-ils mutilés, tout le reste manque. Il faut donc suppléer par d'autres auteurs, à ce qu'on ne trouve point dans ceux-ci, et arranger tellement les diverses parties de l'histoire Romaine, qui sont éparses çà et là, qu'elles forment un tout complet et suivi.

EUGÈNE.

Je comprends ce que vous voulez dire : vous me feriez plaisir de ranger ces auteurs selon l'ordre des tems, en m'indiquant ceux par où je dois commencer, et ceux par où je dois poursuivre.

PHRONIME.

Il n'y a rien de plus aisé. Vous en pourrez vous-même venir à bout en très-peu de tems ; je m'offre à vous aider, quand il en sera besoin : mais ce n'est point à présent le lieu : d'ailleurs la mémoire pourroit ne me point servir assez fidèlement. Remettons, s'il vous plaît cet arrangement au premier jour. Il suffit qu'aujourd'hui vous en sentiez les avantages.

EUGÈNE.

Je les sens parfaitement : mais j'y vois aussi un grand inconvénient, celui de quitter sans cesse un auteur pour un autre, et de ne les lire que par sauts et par bonds ; ne vaudroit-il pas mieux lire d'abord toute l'histoire Romaine en français , pour voir la liaison et la suite des évènemens , et lire ensuite les auteurs anciens , à mesure qu'ils s'offriront sous ma main ?

PHRONIME.

Je ne suis pas de cet avis. Je crois qu'il est bon de faire une fois pour toutes ce que je viens de dire. Cela rompt l'esprit à l'ordre : ce'a vous met dans le cas de comparer ensemble les récits qui ne s'accordent pas/, de rassembler des circonstances rapportées par un historien et omises par un autre ; de voir en détail dans celui-ci, ce que vous n'avez vu qu'en gros dans celui-là ; en un mot vous acquérez par-là des connóissances plus précises et plus distinctes. Vous ne confondez point le certain avec l'incertain , vous êtes même en état de porter votre jugement sur les modernes , et de redresser les défauts de leurs compilations. Au reste , l'inconvenient de cette méthode n'est pas si grand que vous pensez et n'en balance pas les avantages. Il ne faut pas croire qu'à chaque page vous quitterez un auteur pour un autre. Vous en verrez de suite de très-grands morceaux. Vous lirez par exemple , la première décade de Tite-Live , avec les antiquités de Denis d'Halicarnasse. Vous trouverez dans la vie de Pyrrhus la guerre de Tarente, et la première guerre Punique dans Appien. Ce qui servira de supplément à la seconde décade. La troisième vous offre dans le plus grand détail l'expédition d'Annibal : vous y joindrez la seconde guerre punique d'Appien, et la plus grande partie de Polybe, et ainsi du reste. L'histoire Grecque vous donnera encore moins d'embarras. Vous lirez de suite les trois principaux auteurs, qui sont Hérodote, Thucydide et Xénophon ; Diodore de Sicile, Plutarque, les auteurs de l'expédition d'Alexandre, vous fourniront à peu-près ce qui reste jusqu'au tems où cette histoire se confond avec celle de Rome. Si vous êtes curieux des antiquités fabuleuses, Diodore de Sicile, Pausanias, et les poëtes Grecs vous apprendront tout ce qu'on en peut savoir. Si vous croyez cependant qu'il y ait quelque inconvénient à entrelasser ainsi la lecture des auteurs, il vous sera aisé d'y apporter remède, en relisant ensuite tout d'une haleine, ceux que vous aviez lu d'abord à diverses reprises.

EUGÈNE.

Ce remède ne m'accommode guère. Je n'aurai jamais fait en suivant la méthode que vous me prescrivez. Comment voulez-vous que je lise deux fois un si grand nombre d'auteurs.

P H R O N I M E.

Je ne dis pas cela à l'égard de tous,
mais pensez-vous que quand vous aurez
lu une fois, soit de suite, soit autrement,
des auteurs tels qu'Hérodote, Thucydide,
Tite-Live, Salluste, César, Tacite, vous
serez le maître de ne pas les lire une
seconde fois, et peut-être une troisième?
le tems vous détrompera. Je connois trop
quel est l'ascendant de ces grands écrivains sur les bons esprits, pour me per-
suader que vous puissiez vous en tenir à
une simple lecture. Ce sont des enchan-
teurs, ils vous captiveront malgré vous :
dès qu'une fois vous les aurez goûtés,
et vous les goûterez infailliblement, il
faudra que vous vous fassiez violence pour
les quitter. Vous y reviendrez pendant
tout le cours de la vie, et vous y trouverez toujours une source de nouveaux
charmes et de nouvelles instructions. Car
ces auteurs aussi profonds qu'ils sont
agréables, ne se laissent point pénétrer
du premier coup, même par les meilleurs
esprits. De plus, il faut pour les bien
entendre, une mâturité de jugement, un
fond d'expérience que les années seules
peuvent donner. Enfin, persuadez-vous,
que pour bien savoir quoique ce soit,
même l'histoire, il s'agit moins de lire
beaucoup, que de revenir plusieurs fois

sur les mêmes choses. Il en est de la plupart des faits historiqnes , comme des causes , que les défenseurs officieux n'entendent bien , qu'après les avoir examinées et discutées à plusieurs reprises. Et pour vous en convaincre , repondez-moi? Vous avez déjà lu la plus grande partie de l'histoire Romaine en Français. Je ne vous demande pas , si vous avez bien présent à l'esprit la manière dont Rome s'est accrue peu-à-peu , jusqu'à ce que son empire embrassât tout l'univers , ni quels furent les différens génies du peuple Romain dans les différens tems , ni pourquoi cette république ne pouvait jouir de la paix au dedans , qu'autant qu'elle faisoit la guerre au dehors , ni les raisons qui devoient à la longue lui donner la supériorité sur ses ennemis , ni quelles furent les causes inévitables de sa ruine ; ées spéculations historiques et mille autres semblable ne sont ni de votre âge ni de votre portée. Mais si je vous priois de me tracer la route d'Annibal en Italie, de me marquer le commencement et le progrès de ses victoires , de m'expliquer à quoi il dût ses principaux succès , et pourquoi il étoit impossible qu'il se maintînt désormais long-tems en Italie, lorsqu'il fut obligé de la quitter , seriez-vous en état de me satisfaire sur tous ces points ?

(93)

E U G È N E.

Non ; j'ai retenu seulement qu'Annibal
traversa les Gaules , passa les Alpes , gagna
successivement trois ou quatre batailles ,
dont je vous dirai les noms , ainsi que ceux
des généraux qu'il a vaincu , et qu'il fut
défait par Scipion à Zama. Sur tout le reste ,
je ne pourrois vous répondre que d'une
manière confuse et très-imparfaite.

P H R O N I M E.

C'est-à-dire que vous savez assez bien
cette partie de l'histoire d'Annibal , qui est
du ressort de la mémoire ; mais que vous
ignorez celle qui suppose l'exercice du jugement , et qui le perfectionne en l'exerçant.
Je n'en suis pas surpris : une première lecture
faite à l'âge où vous êtes , n'a pas dû vous en
apprendre d'avantage. Ce qui me surprendroit , c'est que vous crussiez que cela
s'appelle savoir l'histoire , c'est que sur des
notions aussi imparfaites que celles que
vous avez , vous allassiez vous flatter de
connoître à fond un aussi grand homme
qu'Annibal , de pouvoir prononcer sur son
mérite , sur ses belles actions , sur ses fautes
même.

E U G È N E.

Je n'ai garde de m'en flatter. L'exemple
que vous venez de me proposer me

fait bien voir. qu'on n'a qu'une connoissance superficielle des choses qu'on n'a
lues qu'une fois ; je sens la nécessité
de revenir dans un âge plus mûr, sur
les lectures faites dans la première jeunesse.

PHRONIME.

Vous y verrez les mêmes choses avec
des yeux bien différens. Mille particu-
larités intéressantes, et qu'il est nécessaire de remarquer pour bien juger d'un
fait, se présenteront alors à votre esprit.
Le plaisir croîtra avec l'instruction ; vous
concevrez, ce que vous ne faites encore
qu'entrevoir, combien l'étude de l'histoire
demande de réflexion, de pénétration, de
combinaison, quelle étendue, qu'elle force
elle donne au génie, et combien se trompent
ceux qui croyent qu'elle ne veut que des yeux
et de la mémoire. Ce que je vous dis ici, je l'ai
éprouvé moi-même. J'ai été dans les préjugés dont je tâche de vous guérir. Lorsque je
prends en main les historiens qui me sont les
plus familiers, j'y puise toujours de nouvelles lumières, j'envisage les choses sous
des jours nouveaux, qui jusqu'alors m'a-
voient échappé, en un mot je crois toujours les lire pour la première fois. Outre
ce que je vous ai dit sur le choix des
auteurs, et sur l'ordre dans lequel on
doit les lire ; il est nécessaire, d'ajouter
quelque chose touchant la chronologie,

sans la science des tems , vous naviguerez sans boussole au milieu de cette mer immense de l'histoire. Vous tiendrez une route incertaine , et vous risquez infailliblement de vous égarer.

E U G È N E.

Y pensez-vous , Phronime ? vous m'allez jetter dans le labyrinthe des calculs chronologiques dont les plus savans hommes ont eu bien de la peine à se tirer. Après des travaux capables d'effrayer les plus intrépides , ils n'ont pu parvenir à être d'accord entre eux sur un grand nombre de points très-obscurs et très-embrouillés : voulez-vous que par un travail encore plus grand , je m'applique toute ma vie à les concilier , sans pouvoir peut-être en venir à bout ?

P H R O N I M E.

Vous donnez toujours dans l'excès , Eugène ; votre imagination s'éfarouche et se forme des difficultés insurmontables , où il n'y en a presque point. Parce que je vous parle d'apprendre la chronologie , vous croyez que je veux faire de vous un chronologiste de profession. C'est de quoi je suis fort éloigné. Mais autre chose est de s'enfoncer et de se perdre , pour ainsi dire , dans une science , autre chose de prendre ce qu'elle a d'utile, et de la faire servir à son dessein : puisque le vôtre est d'apprendre l'histoire, il faut que vous employez les moyens qui y conduisent. Or, la chronologie est un de ces moyens. Vous ne pouvez en douter, pour peu que vous réfléchissiez sur la définition de l'histoire. Cette science est donc essentielle au but que vous vous proposez : mais comme vous pourriez en faire un abus, qui vous écarteroit de votre but, loin de vous en approcher, il est à propos que je vou explique de quelle manière je désire que vous vous en serviez. Quand vous vous serez formé une idée juste de l'etude de l'histoire, vous ne regarderez la chronologie que comme un moyen qui facilite cette étude ; je ne pretend point que vous lisiez tous les auteurs qui ont écrit sur ces matières, que vous compariez leurs divers sentimens, que vous examiniez la force de leurs preuves, et que sur les débris de leurs systêmes, vous en formiez un nouveau. Entre plusieurs inconvéniens, cette étude auroit celui dont nous avons déjà parlé, je veux dire de dessécher l'esprit, et de lui ôter le tems et la liberté nécessaire pour réfléchir sur d'autres objets plus importans pour vous. Arrêtez-vous à un des chronologistes les plus estimés et les plus suivis, et faites en l'usage que je vais vous dire. Dans cette foule innombrable d'évènemens arrivés depuis le com-

mencement

mencement du monde , il y en a quelques - uns de plus remarquables , et
dont la datte quoique différente selon
les différens systêmes , sert à fixer
celle des autres évènemens arrivés dans
l'intervalle du tems qui les separe. Ces
grands évènemens s'appellent des époques,
parce que l'esprit s'y arrête , et qu'il y
ramene comme à un point immobile , tout
ce qui s'est passé devant ou après , pour
en mesurer la distance. Ces époques sont
pour l'histoire des juifs, la vocation d'A-
braham , Moyse ou la loi écrite ; pour
l'histoire Grecque et Romaine , la prise
de Troyes , l'institution des jeux Olympi-
ques , la fondation de Rome et d'autres
semblables , on en compte plus ou moins :
le meilleur est de ne les pas multiplier.
Chaque histoire particulière peut avoir
aussi ses époques qui comprendront ce
qui est arrivé de plus mémorable à une
nation , à une république, à un département , à une commune même. Nous nous
en tiendrons ici aux époques générales ,
et ce que j'en dirai pourra s'appliquer
avec proportion aux époques particulières.
Pour vous en faire sentir l'utilité , per-
mettez-moi de comparer l'histoire avec la
géographie , les cartes de France , d'Es-
pagne , d'Angleterre , avec les histoires
de ces pays , et la mappemonde avec l'histoire universelle. Vous avez étudié la géo-

graphie : comment s'y prend-on pour connoître la situation , et la distance des lieux ?

E U G È N E.

On distingue d'abord quatre points principaux qui sont le Nord, le Midi , l'Orient
et l'Occident ; on a ensuite imaginé différens cercles dont les intersections marquent les différens dégrés de longitude et
de latitude après avoir connu par-là la
situation des villes principales , on se
contente pour les autres villes et endroits
moins considérables de mesurer avec le
compas leur distance à quelqu'une des
villes principales.

P H R O N I M E.

Eh bien il en est de même par rapport
à l'histoire , les époques sont comme autant de termes qui servent à mesurer
l'éloignement des évènemens circonvoisins.
Je sais la date d'un fait, dès que je sais
qu'il s'est passé dix ans avant ou après
la fondation de Rome , comme je sais la
position d'un département de la République , lorsque , je sais qu'il est a dix ou
vingt lieues de Paris en tirant vers le
Nord ou vers le midi. Mais comme il
n'y a que les Géographes de profession
qui par des Triangles , et d'autres opé-

rations mathématiques assignent avec la dernière précision les distances réciproques , et qui réduisent à une mesure commune , les différentes mesures qui sont d'usage dans les différens pays : de même vous laisserez aux Chronologistes le soin d'accorder les années solaires avec les années lunaires dont certains peuples anciens ont fait usage , de réduire à nos jours et à nos mois les jours et les mois des Egyptiens , des Babyloniens des Grecs et des Romains.

E U G É N E.

Je vous ai obligation de m'épargner un travail , dont probablement je ne serois pas capable , et qui , de l'humeur dont je suis ne tarderoit pas à me rebuter.

P H R O N I M E.

Plus nôtre conversation avancera , plus vous verrez que mon intention est , de vous ménager du tems pour les études nécessaires , par le retranchement de celles qui sont snperflues. Votre premier soin sera de vous graver dans la tête la suite de ces époques , ensuite de ranger sous chacune d'elles les faits à mesure qu'ils se présenteront. Vous pouvez pour votre usage et pour vous rafraichir de tems en tems la mémoire , composer

une table chronologique générale, où
vous ne renfermerez que les plus grands
évènemens : vous en pourrez faire aussi
de particulières pour chaque histoire, qui
contiendront un plus grand détail de faits :
la composition de ces tables ne vous
coûtera ni beaucoup de tems ni beaucoup
de peine, parceque vous la ferez à mesure
que vous lirez.

EUGÈNE.

Il y a un grand nombre de ces tables
chronologiques faites par d'habiles gens
avec beaucoup plus d'exactitude, que je
n'en pourrais apporter. Pourquoi ne m'en
servirais-je pas ?

PHRONIME.

Parce qu'il y a un avantage considérable
à en dresser soi-même : et que, quand vous
les aurez dressées, vous les consulterez avec
plus de plaisir et plus de profit, que vous ne
feriez celles des autres, par ce moyen
vous aurez toujours présent à l'esprit
la suite des tems ; il y aura de l'ordre
de la netteté, de la liaison dans vos connoissances : Vous n'aurez à craindre ni la
confusion ni les Anachronismes dans les
lesquels tombent ordinairement ceux qui
ont lu beaucoup et sans méthode. Vous

pourrez d'un simple coup d'œil suivre l'état d'une monarchie depuis son origine jusqu'à sa décadence.

E U G E N E

Je me rends à vos raisons. Tant d'avantages méritent bien que je m'assujettisse à la méthode que vous me proposez , quelque peine qu'il doive m'en coûter.

P H P R O N I M E.

Ce que je vous recommande sur toutes choses, c'est de ne point tourmenter votre mémoire en la chargeant des dates d'un nombre infini de petits faits , qu'il suffit de savoir en gros, et qu'on peut même ignorer pour la plupart. La capacité de notre esprit est bornée : si vous la remplissez de menus détails et de connoissances minutieuses , vous n'y laissez plus de place pour les grands objets ; pour les faits importans. C'est cependant dans la connoissance de ces faits , que consiste la vraye science de l'histoire. Que d'autres se flattent, ce qui n'est que trop ordinaire, d'être habiles et profonds dans cette science , lorsqu'ils savent à point nommé, l'année , le mois , le jour , jusqu'à l'heure où se donna telle bataille, où tel siège fut commencé ou levé. Pour vous regardez les comme des ignorans, si leurs connoissances se bornent là, et prenez une route toute opposée pour devenir vraiment savant. La carrière de l'histoire étant si vaste, le tems de notre vie si court, les bornes de l'esprit humain si étroites, persuadez-vous qu'il est impossible de tout embrasser, que dans le choix des objets il n'y a point à balancer, qu'il vaut mieux être bien instruit sur un petit nombre de faits importans, que de savoir une multitude de petites choses qui ne sont d'aucun usage pour celui qui les sait, et qui ne lui font honneur que dans l'esprit de ceux qui ne savent pas penser.

EUGENE.

Vous me mettez à l'aise, en me déchargeant de ce que l'étude de l'histoire à de plus embarrassant. Je me suis mis cent fois à la torture pour retenir des dates, des noms, des lieux et de personnes, et après bien des efforts, je suis souvent demeuré court, lorsqu'on me questionnoit sur ces sortes de choses : ce qui m'auroit infailliblement rebuté, si j'avois eu moins d'ardeur pour apprendre.

PHRONIME.

Je ne sais ce que les personnes qui vous interrogeoient, ont pu conclure de votre silence sur tous ces points : pour moi j'en aurais conclu que vous n'avez point cette espèce de mémoire qui s'attache aux anecdotes et aux bagatelles , et qui n'est pas à beaucoup près la meilleure , et vous connoissant d'ailleurs de l'ouverture et du goût pour ce genre d'étude , j'aurais jugé que vous avez tout ce qu'il faut pour y exceller. Car le jugement et la pénétration y font beaucoup plus que la mémoire, qui n'est que trop souvent dans bien des gens un obstacle à la réflexion.

EUCÈNE.

Vous pensez de moi d'une manière bien favorable. Mais je dois me défier de vos louanges , parce que vous ne me les donnez que pour m'encourager.

PHRONIME.

Quoi qu'il en soit, car je ne veux pas allarmer votre modestie, ni contester avec elle ; quiconque sait les grandes choses s'abaissera aux petites quand il voudra. Mais celui qui ne sait que les petites ne s'élevera jamais aux grandes. Ne me croyez pas : croyez en Platon , qui dit que l'esprit excellent est celui qui ne s'arrête point au détail , et qui peut embrasser d'une vue générale tous les objets particuliers, qui en saisit les principes, qui en voit l'enchaînement, qui lie ses idées, qui les combine, et qui en fait un système. Vous ne ne saurez point l'histoire, si vous ne parvenez-là, et jamais la science des détails n'ya conduit. Tout ce que je viens de dire nous achemine peu-à-peu vers l'histoire universelle, par laquelle je compte finir notre entretien. Vous rappelez-vous la plainte que vous m'avez faite au commencement, sur ce que je vous bornois à un petit nombre d'histoires, et ce que je vous disois alors, que je supplérois aureste par un moyen facile et général?

EUCENE.

Je me le rappelle, et si je ne me trompe l'histoire universelle est le moyen dont vous vouliez parler.

PHRONIME.

Vous devinez juste. J'en ai même déjà parlé, en touchant ce qui regarde les époques. Mais il est bon d'en dire encore quelque chose, pour vous en faire mieux connoître l'utilité. Pour cela je me servirai une seconde fois de la comparaison que j'ai employé plus haut. Vous savez que pour avoir une juste connoissance

de là géographie, ce n'est pas assez de
de connoître séparément chaque ville,
chaque Royaume, chaque République,
avec les mers qui les baignent et les fleuves
qui les arrosent : qu'il faut de plus observer
avec soin dans une carte générale, ou sur un
globe terrestre, la position de ces Royaumes,
de ces république et de ces mers par rapport
à la terre entière, de sorte que par quelque endroit que l'on commence, on puisse
parcourir successivement en esprit les différentes régions, en assigner les limites,
marquer la source et le cours des fleuves,
joindre ensemble toutes les mers, au moyen
des détroits par les quels elles se com-
muniquent, et faire ainsi par la pensée
le voyage du monde. Faites l'application
de cette comparaison à l'histoire universelle ; vous verrez que sans elle, l'étude
des différentes histoires particulières sera
toujours imparfaite ; que rien n'aggrandit
tant l'esprit, ne perfectionne si fort les connoissances, ne cause à l'ame un si grand
plaisir, que cette vue générale des objets,
qui les rapproche malgré la distance des
tems, qui les subordonne les uns aux
autres, qui les place chacun dans le
lieu qu'il doit occuper, et qui de l'assemblage de tant de parties désunies et dis-
persées, compose un tout régulier, que
c'est par elle qu'on franchit l'intervalle des
siècles et des climats, qu'on se multi-
plie, qu'on s'étend à tous les ages, qu'on

vit avec tontes les nations , et qu'on devient
citoyen de l'univers.

E U G È N E.

Vous me donnez une idée magnifique de
l'histoire universelle n'auriez vous point
dessein par cette peinture de diminuer dans
mon esprit, ou du moins de m'enhardir à
vaincre les difficultés que ce genre d'étude
doit présenter ?

P H R O N I M E.

Ce dessein est sans doute un des motifs
qui m'engagent à parler comme je fais :
mais ne croyez pas que je charge le tableau
des avantages attachés à l'étude de l'histoire
universelle, quelque beau que soit ce tableau , il est encore au dessous de la réalité :
et pour parler plus juste , ces avantages
peuvent croître à l'infini , à proportion que
l'esprit a plus de vue, plus de force, plus
d'étendue : cette étude en effet n'est pas à
la portée de tout le monde : il n'y a même
que les génies du premier ordre qui puissent
l'embrasser toute entière : les autres s'arrêtent à différens dégrés. Si ce que je viens
de dire vous échauffe, vous élève l'ame ,
vous inspire le désir de parvenir à cette manière d'envisager les objets, qui réunit tous
les tems sans les confondre , et qui donne

à l'homme un si grand trait de ressemblance avec la divinité à qui tout est présent; espérez vous serez peut-être du petit nombre de ceux qui se sont élevés à cette hauteur de connoissances.

E U G E N E.

je n'ose vous dire les sentimens que vos discours excitent en moi Ce que je puis assûrer; c'est que s'ils m'inspirent la défiance de mes forces, ils ne m'otent point le courage, qu'ils ne font au contraire que redoubler mon ardeur,

P H R O N I M E.

Au reste les difficultés de cette entreprise ne sont insurmontables à ceux, qui ont d'ailleurs le génie nécessaire, que parce qu'ils ne prennent pas la chose comme il faut la prendre : ils s'abiment dans un détail immense. Ils veulent fouiller dans tous les âges et dans tous les coins de l'univers : voilà sur quoi ils épuisent le tems, et leur esprit : ils sont arrivés au terme de la vie, et celui de leur carrière est encore bien loin, profitez de leur exemple, et sachez que comme dans la géographie, il y a un infinité de pays, dont il suffit de connoître les limites, sans qu'il soit besoin d'y pénétrer, qu'il y a des sables, des deserts, des terres incultes et barbares , que la rigueur du froid , ou les chaleurs excessives rendent inaccessibles ; il y a aussi dans l'histoire, de grands vuides qu'on ne peut remplir, des espaces immenses dont il suffit de marquer les limites, sans qu'on doive se mettre en peine d'y entrer , des tems , qui , par le défaut des monumens, ou par les ténèbres dont la fable et le mensonge les ont investis , sont impénétrables à notre curiosité , d'autres tems , qui n'offrent à nos regards , qu'une affreuse disette de grands événemens , où le genre humain semble avoir été plongé dans une inaction profonde et qui sont pour nous, comme s'ils n'étoient pas : des peuples et des nations entières dont c'est assez de savoir le nom , le lieu qu'elles ont occupé , et le tems qu'elles ont existé. Quand vous aurez pris le parti de négliger tout cela , de laisser à d'autres les discussions épineuses de la chronologie , et la lecture de tant d'auteurs inutiles , qu'à l'exception de l'histoire juive et des trois autres peuples dont je vous ai parlé , vous vous bornerez pour le reste à un détail moderé , vous verrez que je ne vous propose rien d'impossible , rien que vous ne puissiez accorder avec d'autres occupations indispensables rien enfin dont un esprit solide , ennemi de l'oisiveté et des passe-tems frivoles de la jeunesse , ne puisse venir à bout et en très peu de tems ; parce que le fonds une fois acquit ; tout le reste se développera de soi-même , avec le tems,

la réflexion, et un soin médiocre d'entre‑
tenir vos premières connoissances.

E U G È N E.

Je puis vous répondre de ma bonne vo‑
lonté , et de ma soumission à vos lumiéres.
Quant au succès , vous m'en donnez tout
à la fois l'espérance et les moyens de l'ob‑
tenir.

P H R O N I M E.

Oui je crois avoir dit tout ce qu'il falloit
pour vous ouvrir la route , et vous engager
à y entrer. Mais la matière n'est pas encore
épuisée pour Ariste ; et quoique pour ma
part je me sois acquitté en donnant tout ce
que je pouvois donner , je sens néanmoins
qu'il manque encore quelque chose à l'en‑
tier payement de la dette. Eugene , vous
avez droit de l'exiger d'Ariste en vertu de
sa promesse. Il est homme à l'accomplir ,
et a donner même encore plus qu'il n'a pro‑
mis.

A R I S T E.

S'il est vrai , Phronime, que vous ayez
donné tout ce qu'il étoit en votre pouvoir
Eugene exigeroit envain quelque chose de
plus de moi : si la matière est épuisée pour

vous , elle l'est aussi pour moi : que pour-
roit-il exiger encore , que quelques re-
flexions philosophiques sur l'histoire ; re-
flexions que vous avez vous-même pro-
posées en gros , d'une manière qui oterait
à de plus habile que moi, l'envie de les
développer.

EUGÈNE.

Vous avez raison , Ariste , mais je ne
vous tiens pas quitte , et j'exige que vous,
me donniez quelques notions sur la littéra-
ture ; et me fassiez connaître comment
on peut se former le goût.

ARISTE.

Je n'ai rien à vous refuser ; mais je vous
préviens que la tâche que vous m'imposez
est difficile à remplir ; cependant je ferai
tout ce que dépendra de moi pour vous
satisfaire.

ERRATA.

55.	1er. de ce stylc . *lisez* , de ce style.
ibid.	13. gens de lettre, *lisez*, gens de lettres.
56.	8. parmi tout les ; *lisez* , parmi les.
ibid.	11. penser, *lisez*, pensées.
ibid.	30. doute qu'elle , *lisez* , doute qu'elles.
60.	31. mais l'on , *lisez* , mais si l'on.
62.	3. à passera, *lisez* , à passer.
ibid.	16. concourir, la rendre, *lisez*, concourir à la rendre.
ibid.	29. la face affaires , *lisez* , la face des affaires.
65.	31. quintilicu , *lisez* , quintiliem.
71.	31. je le crois de même , *ajouter*, et j'ai remarqué en.
77.	25. pourroite , *lisez* , pourroit.
ibid.	27. d'shtoire, *lisez*, d'histoires.
82.	17. acquereiz, *lisez* , acqueriez.
ibid.	29. durété . *lisez* , pureté.
86.	27. le, *lisez* , les
87.	15. s'arrange, *lisez*, s'arrangent.
92.	21. ées, *lisez*, ces.
ibid.	22. semblable, *lisez* , semblables.
96.	12. vou, *lisez* , vous.
ibid.	18. pretend, *lisez*, prétend.
ibid.	19. taus, *lisez*, tous.

www.ingramcontent.com/pod-product-compliance
Lightning Source LLC
LaVergne TN
LVHW050842200726
843507LV00001B/385